U0901468

西双版纳傣族“家”的旅游商业化研究

A STUDY ON THE COMMERCIALIZATION OF DAI “HOME” TOURISM IN XISHUANGBANNA

陆依依◎著

云南大学出版社
YUNNAN UNIVERSITY PRESS

图书在版编目（CIP）数据

西双版纳傣族“家”的旅游商业化研究 / 陆依依著
. -- 昆明：云南大学出版社，2019
ISBN 978-7-5482-3365-7

Ⅰ. ①西… Ⅱ. ①陆… Ⅲ. ①区域旅游－旅游经济－研究－西双版纳傣族自治州 Ⅳ. ①F592.774.2

中国版本图书馆CIP数据核字（2019）第093078号

策划编辑：段　然
责任编辑：周　飞
装帧设计：刘　雨

西双版纳傣族“家”的旅游商业化研究

陆依依◎著

出版发行：云南大学出版社
印　　装：昆明理煋印务有限公司
开　　本：787mm × 1092mm　1/16
印　　张：11.5
字　　数：195千
版　　次：2019年10月第1版
印　　次：2019年10月第1次印刷
书　　号：ISBN 978-7-5482-3365-7
定　　价：48.00元

社　　址：昆明市一二一大街182号（云南大学东陆校区英华园内）
邮　　编：650091
电　　话：（0871）65033244　65031071
网　　址：http://www. ynup. com
E-mail：market@ynup. com

若发现本书有印装质量问题，请与印厂联系调换，联系电话：0871-64167045。

序　一

陆依依是我的博士生中完成学业花的时间比较长的一位。女博士常常被戏称为专门的一类人，与男博士生相比，女博士生确有其特殊困难之处。一是读博时，即使是应届生，至少也是 26 岁，如果工作几年再读博，多数已奔 30 岁左右去了，面临结婚、生儿育女的现实。读博期间，如果怀孕、生孩子，困难可想而知。而陆依依不仅经历了这些，作为在职博士研究生，还要回工作的学校完成教学任务，更是困难。正当她完成出国访学，做完田野调查准备撰写博士论文时，又因病不得不放下论文专心治疗。得益于中山大学医疗系统一流的医疗条件，她得以痊愈。出院后，她以惊人的毅力，一面持续治疗，一面进行论文写作，克服了常人想象不到的困难，高质量完成了博士论文。借为她写这篇序的机会，想告诉还在读博的师弟师妹们，你们再难，也不会有依依师姐难，她能完成一篇不错的博士论文，你们就应该完成得更好！

依依的博士论文研究主题属于旅游商业化。我们早前对于旅游商业化的研究都集中在历史城镇，主要结论是在缺乏有预见的外力干预下，历史城镇的旅游商业化不可避免，以及地方政府预见性干预是历史城镇旅游商业化得到控制的决定性力量。而她关注到一些特殊的现象，用之前的研究结论解释不了。第一个是西双版纳傣族园、勐景来等典型的傣族传统村寨不同于云南丽江、大理、泸沽湖以及江苏周庄等地，原住居民大多没有将自己的家屋整体出租获得租金。在发展旅游的同时，绝大部分“商业的家”的经营者仍然是原住居民，他们不愿搬离自己的“家园”，而是通过与游客不同程度地分享“家”的空间来获得旅游经济收入。同时，在没有政府干预的情况下，经过十多年的发展，却出现了较为均衡的商业化，且能够持续地吸引游客前往，而并未出现“空心化”的问题；第二个是傣族村寨中的“商业的家”不同于 Airbnb 等共享经济业态，虽与主人共享房屋，但大多数主人都不参与游客住宿的过程。

傣族村落和傣家竹楼是西双版纳旅游发展中的重要景观符号和标签。为了对傣族传统村寨和傣族“家”的旅游商业化的特殊性进行更加深入的刻画和解释，她继续进行旅游商业化的研究，选择西双版纳作为案例地，以中观层面传统傣族村寨和微观层面傣族的“家”作为研究对象。

她的研究基于勐景来景区、傣族园景区和曼景法村三个典型案例，还原了傣族传统村寨和傣族“家”的旅游商业化过程，归纳并总结了商业化的基本特征，深刻剖析了在旅游发展背景下各商业化主体之间的互动与影响，最后解释了傣族传统村寨和傣族“家”的旅游商业化的特殊性。

简而言之，她主要的研究贡献可以归纳为如下几点：

首先，对民族地区典型旅游地的商业化过程的历时性还原和解释，有助于呈现不同的典型傣族传统村寨在旅游商业化演化方面的差异。在理论上，这部分的研究发现回应并丰富了以往有关旅游商业化的理论。同时，这一研究还具体讨论了各参与主体在旅游商业化过程中的互动逻辑。

其次，推进了对全球化和旅游发展背景下民族地区“家”的研究。具体而言，探索了因旅游消费而跨越公共和私人两类空间的“家空间”的性质，同时从居住空间、饮食空间和娱乐空间三个维度构建了“商业的家”的空间演化的理论研究框架，从而从空间的角度推进了“商业的家”的研究。

最后，探讨了边界在傣族“商业的家”空间中的应用，并对“空间—权力”框架在旅游微观情境中的应用进行了回应和拓展。

依依的研究深化和完善了我们之前旅游商业化的研究，这就是我们期待的博士论文，即在前人研究的基础上往前一步，有新的发现和知识贡献。

是为序。

保继刚

2019 年 3 月 24 日于高铁上

序 二

和本书作者一起到北方海滨城市公干，闲聊时提起她的博士论文，几个关键词瞬间让我激动起来。第一个词是“西双版纳”，我是版纳媳妇，每年都回去几趟看望公婆，不用带行李可以直接回家，好亲切！第二个词是“傣族”，民族学出身的我，对少数民族非常敏感，只要哪个提及，我都会像打了鸡血一样，话匣子立马就被打开了，呵呵！第三个词是“家”，出门在外，山好水好人好，可以饱眼福也可以谈工作，一遇到吃饭哪怕是山珍海味，却总会和家乡的饭菜作比较，恋家的人什么时候都忘不了家乡的味道！第四个词是“旅游”，从小就喜欢到不同地方去旅游的我，参加工作后每每遇到放假，总少不了出去旅游一趟，要不然这个假期就等于没过，心心念念的就是想到目的地旅游，找找“诗意的栖居”感觉，才会心满意足地投入新学期的工作，家人开玩笑说我是“只要没去过的地方，肯定想去!”所以，上述四个词足以把我俘虏了。“你电脑上存着文章吗？带U盘了吗？拷到我电脑上看看好吗?”她大概还没遇到过如此急切想看到她的文章的人吧！就这样，在飞机上打开小桌板，摆出电脑，插上U盘，我终于看到她的大作了，越看越觉得这是一本值得推荐给喜欢旅游、向往西双版纳、期盼了解傣族的各界人士欣赏的好书。

首先，旅游地理学的视角引领。作者就像一个导游带着游客，由远及近明晰方位，进入云南后，一路南下来到西双版纳，举目远眺热带旖旎风光，于婀娜多姿的凤尾竹间穿行，干栏式建筑形成的村寨跃入眼帘，拾级而上傣家竹楼，终于到了旅游目的地，开启深度感知模式。西双版纳作为中国典型的旅游目的地，旅游业已成为西双版纳的支柱产业，也主导了其经济、社会和生态的巨大变迁。而傣族村落和傣家竹楼是西双版纳旅游发展中的重要景观符号和标签，一看到干栏式建筑就会想起西双版纳；同时，傣家竹楼又是西双版纳地方形象和傣族人精神的物质载体，凝聚着傣家人充分利用自然资源建构温馨家园的智慧；“泼水节”、慢轮制陶等体现的传统地方文化有重要的旅游吸引力，唤起了旅游者对西双版纳的想象。可以说，傣族传统村寨的旅游目的地开发，尤其是以傣家竹楼为本底的“傣家乐”旅游景区的开发，充分体现了少数民族文化的商业化过程。

其次，问题意识强的探寻精神。本书作者发现近年来国内外学者尽管对旅游商业化进行过不少相关研究，但大都集中于历史城镇，对于傣族传统村寨和傣族“家”的旅游商业化的特殊性还亟待更加深入的刻画和解释。这不仅提出了亟须回答的问题（比如，在旅游发展背景下，傣族传统村寨经历了怎样的商业化过程？涌现出哪些不同的商业化轨迹？具有什么特征？在此过程中各参与主体是如何互动和影响的？又如，在傣族传统村寨旅游商业化过程中，傣族的“家”空间发生了怎样的演变？傣族“家”空间的旅游商业化是怎样形成的？边界如何在上述空间演化中发挥作用和功能），而且通过对勐景来景区、傣族园景区和曼景法村三个典型案例点进行长期深入细致的田野调查，收集了大量可以回应问题的第一手珍贵资料。

再次，学理分析透彻的专业水准。本书作者运用人文地理学和旅游管理学以及相关学科的理论和方法，详细解剖了在旅游城镇化进程中，傣族传统村寨在没有政府外力强干预的背景下，仍然取得了村寨和家的适度商业化、旅游开发与村寨保护的协调以及旅游业的可持续发展的成功，还原了傣族传统村寨和傣族“家”的旅游商业化过程，归纳总结了其商业化的基本特征，并深刻剖析了在旅游发展背景下各商业化主体之间的互动与影响，解释了傣族传统村寨和傣族“家”的旅游商业化的特殊性。

最后，研究结论新的成功拓展。本书作者的独特创新主要体现在两个方面：①傣族传统村寨商业化研究。不同于丽江、西递、同里等历史城镇，政府干预并不是以傣族园、勐景来为代表的傣族传统村寨旅游商业化控制的决定力量。在位于城市中心的傣族传统村寨的旅游商业化过程中，地方政府的预见性干预是否有效和具有可推广性，取决于政府干预的模式、时效和制度设计，而傣族人的民族性格和文化传统是影响傣族传统村寨旅游商业化程度的重要因素，外来资本控制空间的方式则决定了傣族传统村寨旅游商业化的进程、方向与效能。“公司＋农户”经营管理模式对傣族传统村寨旅游商业化控制的有效性，受制于双方对旅游开发与村寨保护之间关系的认知、公司与农户经营目标的一致性，以及双方对获益的满意度等因素博弈的结果。在业态相对单一的传统村寨，越是依赖旅游业实现发展，其村落空间和景观风貌保持越好；相反，在业态相对多元化的传统村寨，由于旅游业发展缓慢或停止，传统村落空间则迅速异化。②傣族“家”的变迁研究。作者不仅构建了旨在分析“商业的家”空间演化的分析维度——居住空间、饮食空间和娱乐空间，而且着重阐释了边界在“商业的家”空间中所具有的功能与文化意涵：有深度的主客交往是“商业的家”空间中私人领域与公共领域边界模糊的重要影响因素之一；旅游参与模式引导了“商业的家”空间边界的再划分。作者通过对“商业的家”空间中旅游发展与原住居民日常生活的协调进行剖析，成功地回应了德赛图（De Certeau）对于旅游者的“窥视”，主人往往采取避让但不逃离（they escaped it without leaving it）的策略的研究，进而得出“对本地村民而言，出让‘家空间’所获得的经济利益之多寡和对家庭经济贡献的重要程度决定了他们‘家空间’的出让程度，但由于宗教信仰、民族习俗等原因，这种空间出让仍然有一定的底线”的结论。

本书对民族地区典型旅游目的地商业化过程的历时性还原和解释，尤其是其呈现的不同典型傣族传统村寨在旅游商业化演化上的差异，在理论上丰富了以往有关旅游商业化的理论，并对“空间—权力”在旅游微观情境中的应用进行了回应和拓展；在方法上构建了“商业的家”的空间演化维度（分析框架），并提供了典型的案例；在实践上为旅游城镇化主导的少数民族传统村寨遇到旅游目的地开发与管理问题，提供了可持续发展的经验总结和决策建议。相信每一位读者都能跟随作者细腻精美的文笔，找到属于自己的那一方诗意栖居的净土，感受深度剖析问题的睿智。

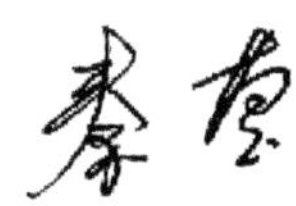

目　录

上篇　旅游目的地及其商业化开发个案遴选

随着旅游业的快速发展，对旅游目的地开发与管理提出了更多的要求。乡村型旅游目的地和景区型旅游目的地都是极为重要的旅游目的地类型。本书的关注点是这两种重要旅游目的地类型旅游发展情境下的商业化过程、结果及解释。

一、云南省旅游业发展及西双版纳旅游业发展背景

在经历1999年世博会后，云南省旅游人数呈井喷式发展，出现旅游接待设施严重不足、旅游市场价格混乱等现象，云南旅游业出现疲软和混乱的状况，亟须进行调整。针对云南旅游业日趋激烈的市场竞争、旅游客源市场的多元化发展、旅游者消费水平不断攀高、旅游消费结构趋向合理、旅游目的地市场形成梯度、旅游市场形象更加鲜明等特点，2005年中共云南省委、省人民政府明确提出“十一五”期间要全面推进云南旅游“二次创业”，实现从旅游大省向旅游经济强省的跨越，把云南建设成为国内外知名的国际旅游胜地的目标。利用实施大项目带动大发展的战略，积极推进观光型旅游向休闲度假型与观光型旅游并重的转变。旅游业的重大转型必然带动当地各领域的变迁，特别是依靠旅游业发展的传统民族村落的变迁，因此，传统民族村落发生不同类型的演变和分化，都是值得我们关注的问题。

作为改革开放以后国内第一批具有广泛影响力的热门旅游目的地之一，在20世纪90年代初期至中期西双版纳旅游业的发展达到了顶峰。随着红极一时的影视剧《孽债》的热播，狂欢的泼水节，独特的热带雨林风光，多彩的傣族、基诺族等民族风情，神秘的边境文化，这些多彩的民族文化元素让西双版纳成为当时在全国乃至全世界都享有一定知名度的旅游品牌。但2000年以后，西双版纳旅游业发展却遭遇了瓶颈，游客接待人数和旅游收入都遭

遇了增长困难，旅游产品老化和发展缓慢的问题日益突出。在全国及全省各地新兴旅游项目迅速崛起的情况下，西双版纳逐步被海南三亚、四川九寨沟和省内的大理、丽江等旅游地超越。“西双版纳被称为‘老牌’旅游名片，‘老牌’意味着历史悠久，有一定的地位和优势，但也意味着落后于时代，有局限性。”① 云南省的“旅游二次创业”是一个非常好的契机，可以实现西双版纳旅游产业机构转型和升级。2006 年在全省旅游产业发展大会和省政府西双版纳现场办公会上，西双版纳州委、州政府确定了“二次创业、转型升级、再创辉煌”的奋斗目标。

西双版纳旅游度假区是 1993 年 9 月经云南省人民政府批准成立的首批 6 个省级旅游度假区之一，位于西双版纳州府景洪市南郊，北至景洪城市建成区，南抵规划中的绕城公路 214 线，东到澜沧江边，西接嘎洒镇，总面积 60 平方公里。辖 1 个曼弄枫村委会 9 个村民小组、1 个南联山农场 25 个居民小组，总人口 2.3 万余人，其中曼弄枫村委会 705 户 3 120 人，农场 2 834 户 5 681 人。辖区内气候、阳光、空气、山地、水体、森林、温泉等组合良好，具有以傣民族为主的人文和谐的文化、社会环境，发展旅游度假产业条件优良。2006 年，西双版纳旅游度假区开始征地和大项目引进工作。旅游大项目是助推西双版纳旅游业转型升级，拉动旅游产业发展的重要引擎，为全州旅游的提质增效提供动力。在近 10 年的时间里，以西双版纳旅游度假区和景洪市沧江新区为核心，以商务度假休闲为一体的综合旅游度假区——避寒山庄，作为西双版纳旅游业“二次创业”的突破口，带动了整个城市发展。自 2007 年开始，西双版纳旅游人次以百万级数实现增长，2015 年旅游人次已突破 1 700 万，旅游业也从最初的观光旅游进入休闲、度假、会展旅游综合发展阶段。

“大项目带动大市场，大品牌带动大旅游。旅游大项目是助推西双版纳旅游业转型升级，拉动旅游产业发展的重要引擎，西双版纳旅游不能光靠得天独厚的自然条件，还必须有一批市场化运作的综合体项目，为全州旅游的提质增效提供动力。目前，国内外知名企业纷纷进入西双版纳市场，以万达西双版纳国际度假区建设为例，项目总投资 150 亿元，聚合了主题公园、傣秀剧场、热带雨林公园等七大核心业态，综合功能非常强，今年即将完工的

---

① 经历尴尬的西双版纳旅游业迎首家五星酒店［EB/OL］. https：//www. huoche. net.

主题乐园和傣秀剧场就是旅游和文化融合的一个典范。”2015 年云南省旅游产业发展大会上，西双版纳州旅发委原主任如是说。

大项目的发展一定是需要大量土地作为发展基础的，而征地工作是近些年西双版纳州委、州政府着力推进的工作。根据西双版纳度假区管委会的统计，从 2003 年开始征地发展到 2011 年，曼景法村原土地面积为 1 072.6 亩，已征土地 757.19 亩，剩余土地面积仅为 166.81 亩。曼弄枫村原土地面积为 3 239.8亩，剩余土地 2 060.13 亩。个别原本面积相对小的村寨，如曼庄些，仅剩下 129.36 亩。

西双版纳旅游度假区一期（已建成的星级酒店密集区）占地面积 1 平方公里，共有星级酒店 13 家，年接待游客能力为 100 余万人次。二期占地面积 21.03 平方公里，现已培育为西双版纳旅游新的增长点，建成州民族博物馆、南传佛教文化苑、会展中心、避寒皇冠假日度假酒店、嘉盛华美达广场酒店等重大项目 17 个，总投资 37 亿元。二期开发已建成 30 余个重大项目，项目总数、投资总额均达到历史新高，形成以旅游业为龙头、其他产业协调发展的良好态势。三期为以现代旅游理念规划的高端休闲养生度假区，占地面积 38.97 平方公里。截至 2017 年，西双版纳洲际度假酒店、西双版纳嘉盛华美达广场酒店 2 家高星级酒店投入运营。辖区共建成宾馆酒店 106 家，其中按五星级标准建设 1 家、四星级 4 家、三星级 9 家、二星级 2 家，共有床位 14 454 张；有国内旅行社 3 家；经旅游部门评定的星级旅游购物场所 6 个，占全州已定旅游星级购物场所的 1/3。中国 500 强企业保利、广晟、中弘、首创以及上影集团等战略投资者入园建设，签约 41 个建设项目，协议总投资达 620.2 亿元，引进州外到位资金 2012 年突破 10 亿大关，“十二五”期间累计引进州外到位资金 72 亿元。西双版纳旅游度假区的整体目标是通过三期的规划发展，打造一个以南传佛教文化为主，以旅游产业综合改革发展为目标，以傣族文化为基础，以休闲度假为核心，集文化体验、主题度假、生态休闲、康疗养生、高端商务、商贸会展为一体的大型高端文化旅游目的地[①]。2015 年 10 月，西双版纳旅游度假区成功创建首批国家级旅游度假区，实现历史性飞跃。

在西双版纳旅游产业转型升级的大背景下，这些下辖于西双版纳度假区

---

① 资料来源：西双版纳度假区管委会。

的村寨，在土地被征收后，村民的传统生计方式大多发生了变化。按照地方政府的规划，征地改造完成以后大都以发展旅游业为主，那么在旅游发展下传统傣族村寨商业化过程是怎样的？这些村寨旅游商业化演化又存在哪些差异？哪些利益相关者推动和影响了傣族传统村寨旅游商业化？这一系列问题都需要我们来解答。

二、旅游商业化与“家”的地理学研究进展

由西双版纳旅游业发展的实际情况和发展阶段来看，笔者发现了民族传统村寨旅游发展中的实际问题。而从理论层面思考，需聚焦于旅游商业化和“家”的地理学研究进展。

（一）旅游商业化及其研究状况

“旅游商业化”从字面上看，由“旅游”和“商业化”两个词合成，这里专门用“合成”而非通常使用的“组成”，是因为在第二个词中有一个“化”字，使得“旅游”与“商业”产生了化学反应，表明从开始到完成有一个动态的过程。如果仅仅呈现其开始和结果的样态，就不足以表达“化”的内容，而这恰恰是本书着力要分析的一个重点，是道出傣族“家”如何从原住居民的空间向商业空间转变的关键所在，也是傣族“家”在旅游因素驱动下实现私人空间向公共空间变迁的重要原因。故此，专门用“化”一字以示其动态呈现，厘清支撑“所以然”背后的“之所以然”的机理。

早期学者们对历史城镇的研究开始使用“过度商业化”[①] “旅游商业化”[②③] “旅游商业化气氛过浓”[④] 等概念，并对概念的界定进行了讨论，但大多偏重于描述，认为“旅游商业化既不同于过度商业化，也不是具体文化

---

① 钟海生．旅游业的两种发展观和政策导向［J］．旅游学刊，1999（1）：10－15.

② 保继刚，苏晓波．历史城镇的旅游商业化研究［J］．地理学报，2004，59（3）：427－436.

③ 徐红罡．文化遗产旅游商业化的路径依赖理论模型［J］．旅游科学，2005，19（3）：74－78.

④ 陶伟，岑倩华．历史城镇旅游发展模式比较研究——威尼斯和丽江［J］．城市规划，2006，30（5）：76－82.

或仪式的商业化，是对目的地某种特定商业现象的描述”。追溯学者们对“旅游商业化”的起源所做的研究，可以看到国外学者从20世纪80年代开始关注“旅游商业化”，乡村小城镇旅游商业化的研究与本书的研究对象较为类似。而追溯“旅游商业化”产生的根源，在于游客感到仅仅从视觉上感受理想中的乡村景观是不够的，于是商家开始销售带有典型地方特色的商品。但对于游客而言，这不仅仅是商品，而是与地方关联的某种想象①。这些商品由旅游目的地的原住民生产，被游客购买，彼此之间建立起商品的使用价值和价值因购买行为而发生的不可兼得的转换，只要商品以付款的方式从原住民手中转移到游客手中，就意味着商业化过程的实现。当游客将商品带离原住民聚居地，再次把玩或欣赏时，这个物件就成了旅游目的地的一个象征符号，具有能指和所指的功能。物件本身就是一个能指的符号，可以勾起他（她）对旅游目的地再度的回忆和畅想。在大部分的北美乡村，企业家们为了满足后现代旅游者对乡村景观的向往，开始投资乡村旅游以及对前工业时代商品的模仿②。可见，乡村小城镇的旅游商业化很大程度上是由于旅游者愿望和需求的驱动，而投资者在这些经济发展相对滞后的乡村小城镇发挥了积极推动的作用。

国外学者一开始没有直接使用“旅游商业化”这一概念，Geoffrey Wall 在1992年提出了“文化商业化”（the commercialization of culture）的概念，并描述了旅游商业化的过程。“当游客能够高价购买商品和服务时，当地零售业主意识到现有商品与服务涨价能够获得更大的利润空间。这些商铺可以轻易地在面向本地人的商铺中取胜，但同时这些零售业主又可以将超出的成本费用转嫁到游客身上，使得他们能够支付高额的租金和税费。当地居民需要支付更多的金钱来购买各种物品，而且随着面向游客的商铺取代了原来提供各种日常生活用品的商铺，当地居民不得不去到更远的地方购买生活用品。旅游商品交易的增多导致土地需求也在不断增多，土地价格不断上涨。大量新建的酒店、客栈以及旅游公共设施可以为投资者以及土地所有者带来高额收入。但由于土地价

---

① Dorst J D. The written suburb: an American site, an ethnographic dilemma [M]. Univercity of Pennsylvania Press, 1989.

② Mitchell C J A. Entrepreneurialism, commodification and creative destruction: a model of post - modern community development [J]. Journal of Rural Studies, 1998, 14 (3): 273 - 286.

格上涨，导致物价上涨，当地居民的生活成本大大增加。”①

在中等程度的历史城市，过度旅游开发最明显的现象就是城市中心区旅游设施供给的饱和。Mitchell 在 1998 年将经济学上的“创造性毁灭”（Creative Destruction）的概念用于加拿大遗产地社区商业化过程的研究，验证了其商业化遵循“创造性毁灭”的五个阶段模型（见表 1，表 2）。随后在 2007 年，Geoffrey Wall 等人对朱家角和角直的研究同样运用该模型检验中国江南水乡，并指出中国大多属于政府投资，居民外迁也大多由政府决定和规定这两点差异。

表 1　最初五阶段旅游创造性破坏模型（肖佑兴，2010）

阶　段	投　资	旅游者数量	居民态度
初级商品化阶段	商品化投资开始	少量的真实遗产体验寻求者	基本上是积极的（乡村景观仍完好）
高级商品化阶段	商品化投资增加，社区营销活动发生	数量不断增加	一些居民意识到负面影响
初级破坏阶段	投资水平持续增加，一些偏高遗产主题	数量不断增加	越来越多的居民意识到负面影响
高级破坏阶段	投资范围扩大（如酒店）：更多的偏高遗产的主题	数量不断增加	负面影响非常多，可能导致居民迁出
后破坏阶段	A 非遗产投资主导；B 没有进一步投资	A 很少的真实遗产寻求者；B 由于社区不再独特，游客数量下降	A 较少的负面态度，因为留下来的居民接受了旅游活动（但乡村景观遭到破坏）；B 较少的负面态度，因为游客数量开始下降（部分乡村景观得以恢复）

① Antonio Paplo Russo. The “vicious circle” of tourism development in heritage cities [J]. Annals of Tourism Research, 2002, 29 (1): 165 – 182.

表2　修改后的六阶段旅游创造性破坏模型（姜辽、苏勤，2013）

阶　段	驱动力：投资者、遗产保护者与推动者	消费者：主一客	对旅游的态度	主导景观
前商业化阶段	未启动	少量	基本是积极的	生产式乡村景观
初级商业化阶段	私人部门开始商业性投资；保护主义者开始活动；公共部门的政策或行动鼓励发展	一些遗产探寻者	一些居民意识到负面影响	
高级商业化阶段	私人部门积极进行商业化投资；保护主义者积极反对非遗产型的投资；公共部门的政策或行动继续贯彻	越来越多的探寻遗产者	越来越多居民意识到负面影响	后生产或遗产景观
初级破坏阶段	私人部门投资非常积极，部分已偏离遗产主题；保护主义者积极反对非遗产型的投资项目（通常失败）；公共部门的政策继续贯彻	探寻遗产者和后现代旅游者并存	很多居民意识到负面影响	
高级破坏阶段	私人投资的尺度在增大（例如酒店），并更多地与遗产主题脱离；保护主义者积极反对非遗产型投资（通常失败）；专门的发展政策开始贯彻或延续	后现代旅游者占大部分	大部分居民态度消极；许多居民外迁	非生产式休闲景观

续 表

阶 段	驱动力：投资者、遗产保护者与推动者	消费者：主一客	对旅游的态度	主导景观
后破坏阶段	非遗产型的私人投资主导；保护主义者活动减少；公共部门推出专门发展政策	探寻遗产者的数量很低	只有少量居民留守，社区的总体态度积极	

就国内而言，20 世纪 80 年代以来，中国的乡村古镇旅游迅速发展起来。一方面游客的到来，提高了乡村古镇的知名度、当地居民的经济收入，另一方面旅游商业化过度，给建筑景观、传统文化和旅游者体验带来很多负面影响，继而引起学界关注。

近年来，乡村城镇的旅游商业化研究主要集中在以下几个方面。

第一，旅游商业化的概念及特征。2004 年，保继刚、苏晓波正式提出“旅游商业化”的概念，认为旅游商业化既不同于过度商业化，也不是具体的文化或者仪式的商业化，而是对目的地某种特定商业现象的描述。旅游商业化具有以下特征：①商业功能的转化是由旅游推动的，大量商铺的顾客群体发生转变，面向旅游者的店铺数量比例很大，甚至超过面向本地居民的店铺数量，商铺商品的供给超过当地居民的购买力。②旅游商品同质化严重，手工艺品减少，大规模生产的产品充斥市场。徐红罡从旅游商业化路径依赖的角度对遗产地文化商业化进行研究，认为“遗产地”作为社会文化资本被发现，包装后转换为经济资本推向社会，最终陷入“过度商业化”的境地[①]。乡村古镇旅游商业化的特征是理解旅游商业化本质的关键，学者们的研究主要从商业业态、旅游网点的数量[②]、空间布局的变化（如居民住房向商铺的转变）[③]、投资人的转变（如外地人成为投资人的主体，丽江大研古镇商铺

① 徐红罡. 文化遗产旅游商业化的路径依赖理论模型［J］. 旅游科学，2005，19（3）：74－78.

② 阮仪三，袁菲. 江南水乡古镇的保护与合理发展［J］. 城市规划学刊，2008（5）：52－59.

③ 葛军莲. 周庄古镇旅游商业感知与调控机制研究［D］. 南京：南京师范大学，2007.

70%以上是外地人在经营)[①] 等角度切入。

第二，旅游商业化的影响研究。乡村古镇的旅游商业化给当地的经济、政治、文化和生态都带来极大的影响，因此也是学者们重点研究的内容。旅游商业化的积极影响主要表现在：迎合和满足旅游者的多样化需求，增加当地居民就业机会，提高当地居民的经济收入，有利于当地经济发展，提高乡村古镇的知名度，提高居民的学习能力，创造当地的繁荣景象等。消极的影响主要表现在：经济方面，导致物价上涨、土地价格上涨、居民生活成本提高、低收入居民生存困难或迁出；景观文化方面表现为破坏了古村镇原真性、破坏了传统文化、影响古村镇可持续发展；生态方面表现为破坏生态环境、破坏景观、拥挤等。

第三，旅游商业化的利益相关者。探究乡村城镇旅游商业化的过程及利益相关者的互动，主要是为了防止过度商业化。旅游者对旅游纪念品的购买驱动了乡村古镇旅游商业化，居民是乡村古镇旅游商业化的重要参与者，他们一方面利用自己的房屋经营店铺获得经济收入，另一方面将自己的房屋出租给外来经营者获取租金。同时，当地居民对游客的多样化需求的迎合和满足，加速了乡村古镇的旅游商业化进程[②]。2015 年，林敏慧、保继刚通过对西递旅游发展阶段、发展过程中利益相关者的博弈分析，提出创造性破坏模型并不完全适用于西递案例，并提出模型修正，认为创造性破坏模型的前商业化、初级商业化和高级商业化这三个阶段可以较好地反映中国历史城镇旅游发展进程中的共性，但不同地方政府采取的不同干预策略也会使得模型走向不同。而政府的干预在历史城镇旅游开发过程中扮演着重要的角色，政府的前瞻性措施能够控制旅游商业化。旅游经营者是乡村古镇旅游商业化的直接参与者，而多地经营者对经济利益追求更甚，对商业化的推动作用更明显。

综上所述，国外对于历史城镇旅游商业化的研究较为丰富，主要集中在商业环境和商业对当地文化的影响方面。国内对旅游商业化的研究基本集中于历史城镇，特别是丽江、周庄、同理、西递等案例地，大多由旅游发展对旅游目的地的经济影响引出，对商业化现象进行描述，研究中多指出政府干

---

① 王华，王荣红，韩斌，等．丽江古城真实性与商业化辨析［J］．昆明冶金高等专科学校学报，2010，26（4）：96－98．

② 汪德根，陈田，王金莲，等．1980—2009 年国内外旅游研究比较［J］．地理学报，2011，66（4）：535－548．

预的重要性，并通过案例对结论进行了验证，同时也有研究在不同的古镇案例中验证成熟的“创造性破坏”理论模式。通过研究周庄和丽江商业功能的演变，学者们得出结论，认为历史城镇的旅游商业化不可避免，且进一步揭示在地方政府的有效干预下，旅游商业化是可以控制在一定规模之内的。地方政府预见性的干预是历史村镇旅游商业化得到控制的决定性力量。但在现实中，傣族园、勐景来等典型的傣族传统村寨并没有地方政府干预，发展十多年没有因为发展旅游而过度商业化，仍然保持较为均衡的商业化，现阶段仍能够吸引旅游者前往体验传统傣族文化，仍然保持旅游可持续发展的状态。而位于城市中心的傣族传统村寨在政府退出旅游发展主导地位以后，无法实现旅游商业持续发展，原因何在？这是需要我们继续探究和解释的问题。

（二）“家”的地理学研究状况

在全球化和流动性视野下，“家”是西方地理学近年研究的一个丰富且重要的新话题。国外对“家”的地理学研究呈现快速增长的趋势，目前已成为文化地理学的研究热点之一。人文主义代表人物 Relph（1976）将“家”形容为“人类存在的参考位置”，认为“家”是个人意义的来源。Marcus（1995）把人类居住的房子看作是自我的镜子，“家”象征着人们对精神完整性的追求。在中国文化中，“家”不仅仅是发现自我的地方，更是人的灵魂最终安息的地方[①]。因此，“家”是一个极具情感和力量的词汇，是理解社会和空间的关键场所，其研究具有重要的学术和实践价值[②]。

1.“家”空间的研究

人文地理学中的“家”（home），最早起源于德语的“Heimat”，代表着记忆、渴望、统一和团结等情感[③]。Giddens（1984）将家定义为空间与社会单位不可分割、同时并存的一个融合体。相对于“家庭”（family）和“房子”（house），家代表了物理空间和家庭关系的集合。Somerville（1992）给

① Su X. Tourism, modernity and the consumption of home in China [J]. Transactions of the Institute of British Geographers, 2014, 39 (1): 50 -61.

② 封丹，李鹏，朱竑. 国外“家”的地理学研究进展及启示 [J]. 地理科学进展，2015，34 (7): 809 -817.

③ Morley D, Robins K. No place like Heimat: images of home (land) in European culture [M]. London, UK: Lawrence &Wishart, 1993: 3 -31.

家定义了六个核心标志，包括“避难所，壁炉，隐私，根源，住所和可能是天堂”。也有不少学者认为，家代表着压抑、暴政、家长制统治的地方[①]。近年来，女性主义研究者开始质疑家作为避难所的本质，认为家仍然是一个按照性别来划分的，具有暴力和压制的空间[②③④]。在此基础上，人文地理学者总结了家的多个面向，将“家”定义为一个“社会空间系统”，代表物质空间单元（家屋）和社会关系单位（家庭）的融合而成的家园，是一个“归属感与疏远，亲密与暴力，欲望与恐惧”并存的空间，通过日常实践使得家有了意义、情感、经历和关系[⑤]。因此，20 世纪 70 年代人文地理学家对家的理解总是与理想空间、私密、亲密和舒适等相关，家是一个温暖、愉悦和安全的场所，“大量的人毕其一生精力寻找家园，挣扎在现实和理想家园的缝隙里”[⑥]。

家既是物质性的住房，同时也是饱含情感和社会意义的符号，既可能存在于现实生活中，也可能存在于想象之中；同时，家既是本地的也是全球的，因为家的地方尺度不只是一栋房子，还可以是社区、城市、国家甚至是全世界[⑦]，家的建构也是基于更广泛的地方、国家和全球背景和情境[⑧]。总体而言，家是政治性的，它的构建和意义总是与性别、性取向、种族、民族和阶层等身份相互关联[⑨]。尽管当前有许多学者解释和阐述了“家”的定义，但家并不是一个绝对的概念，不同时期、不同社会或文化背景、不同的阶级群

---

① Mallett S. Understanding home：a critical review of the literature ［J］. Sociological Review，2004：52（1）：62 –89.

② Domosh M. Geography and gender：home，again? ［J］. Progress in Human Geography，1998：22（2）：276 –282.

③ Varley A. A place like this? Stories of dementia，home，and the self ［J］. Environment and Planning D：Society and Space，2008：26（1）：47 –67.

④ Yantzi，N. M. and Rosenberg M. W. The contested meanings of home for women caring for children with long – term care needs in Ontario，Canada ［J］. Gender，Place and Culture，2008：15（3）：301 – 315.

⑤ Alison Blunt. Cultural geography：cultural geographies of home ［J］. Progress in Human Geography，2005，29（4）：505 –510.

⑥ Tucker A. In search of home ［J］. Journal of applied philosophy，1994. 11（2）：181 –187.

⑦ Blunt A，Dowling R. Home（key ideas in geography）［M］. Abingdon，UK：Routledge. 2006.

⑧ Dovey K. Home and homelessness ［M］. New York，NY：Plenum Press，1985：33 –64.

⑨ Mathieson A，Wall G. Tourism，economic，physical and social impacts. Longman，1982.

体对于家的理解与感知也会存在差异①。本书中对家的界定是物质性房屋与人的情感相链接的产物。

西方人文地理学者对于家的研究主要集中在阶层与家、性别与家、跨界移民和家的重构以及无家可归者。

（1）阶层与家。随着房屋所有权的出现，住房成为消费品，是价值和住房者身份的反映。早期关于家的研究认为，家是一个充满意义、能够表达自我和群体身份的特殊地方②。在当代英国社会，中产阶层社会再生产是以家为基础的空间生产；反之，日常的社会再生产也是家的重要构成部分。阶层的地方生产不仅仅是通过家的归属感定义，更重要的是通过与家园外面更大范围的世界对立而定义的③。在美国，家的地方构建更具政治意义。美国中产阶级在郊区赢得了私人领地，通过与外界的对比，这种具优越性的郊区住宅成为身份的象征，阶级关系则在家的领域里被美学化，被重新定义为生活方式、品位、消费和视觉享受④。在纽约下东区的绅士化过程中，为了迎合美国新兴中产阶级的口味，改造城市中心区破旧不堪的社区，创造精品消费景观，市政府改变了管制该地区公共空间的方式，将妓女、毒贩、流浪汉等全部从公园和其他公共场所驱离，致使原地方占据者失去“家园”，流离失所。这一绅士化过程遭到了当地居民的反抗，这一过程被认为是对他们生活方式、社区和“家园”的攻击，是对曾经邻里标志的文化多样性的挑战⑤。

（2）性别与家。在女性地理学研究中，家和家庭生活也一直占据重要位置。在主流文化的认知中，家是一个性别化的空间，充斥着母性意识形态⑥。Quinn（2010）对生活在爱尔兰都柏林市衰败地区的妇女研究发现，由于家空间赋予她们照顾小孩的责任，限制了她们享受自我，使她们较少参与休闲

---

① Susan Kent. Unstable households in a stable kalahari community in Botswana [J]. American Anthropologist, 1995, 97 (2): 297-312.

② Tuan Y F. Geography, phenomenology and the study of human nature [J]. Canadian Geographer, 1971 (15): 181-192.

③ Clarke A. The aesthetics of social aspiration [M]. Oxford, UK: Berg Publishers, 2001: 23-45.

④ Harvey D. Between space and time: reflections on the geographical imagination [J]. Annals of the Association of American Geographers, 1990, 80 (3): 418-434.

⑤ Reid L, Smith N. John Wayne meets Donald Trump: The lower east side as wild west [M]. Oxford, UK: Pergamon, 1993: 193-209.

⑥ Chee L. The domestic residue: feminist mobility and space in Simryn Gill's art [J]. Gender, Place& Culture, 2012, 19 (6): 750-770.

娱乐，从而固定了她们对家的意义的认知。对于长期在家照顾子女的女性而言，家是一个多层次和复杂的空间，她们并不希望自己的家仅仅被定义为一个从事照料活动的地方[①]。Brickell（2013）研究了柬埔寨现代家庭中被抛弃或离异女性的婚姻解体经历，发现女性生活决策和婚姻经历与家的物质性与符号性互有重大影响。另外，厨房作为一个家庭空间，具有强烈的社会性，在构建人类日常生活和社会环境之间关系的过程中起主导性作用，而并非仅仅是家庭烹饪活动的承载空间[②]。在女性主义思潮的影响下，厨房被高度地性别化，成为实践和定义性别关系的地方。Johnson（2006）综述了前人的研究，表明19世纪的西方厨房是一个承载饮食、女性和佣人的空间。已有的研究也指出，厨房是由女性主导并为女性设计的，是加强女性身份和家庭主妇工作的地方，同时也是女性管理其自身和家庭的地方[③]、重新分配女性权利的场所[④]和实践性别角色和家庭责任的地方[⑤]。

（3）跨界移民和家的重构。在全球化和移居生活背景之下，家的观念反而显得更为重要。跨国移民的迁移过程既涉及家的移动，又包含跨界经历，这让家成为一个不固定、流动的概念。学者们普遍认为，家不是一个固定的场所，而是一系列的社会网络，是不固定和流动的概念。在北京工作的新加坡人通过庆祝节日、维持传统实践、聚会、阅读家乡的报纸等仪式化的方式来重新生产家乡的文化，生产出所谓的“新加坡的家的感觉”，加强了其身份认同[⑥]。在伦敦居住的新西兰人尽管已经建立了新的生活、事业、个人社会网络，甚至建立起家庭，但是仍然视新西兰为自己的家。他们的身份建构

① Yantzi N Mand Rosenberg M W. The contested meanings of home for women caring for children with long-term care needs in Ontario，Canada［J］．Gender，Place and Culture，2008，15（3）：301－315.

② 刘晨，蔡晓梅，曾国军．西方厨房研究及其对中国文化地理家庭空间研究之启示［J］．热带地理，2014，34（4）：445－453.

③ Saarikangas K. Displays of the Everyday. Relations between gender and the visibility of domestic work in the modern Finnish kitchen from the 1930s to the 1950s［J］．Gender，Place & Culture，2006，13（2）：161－172.

④ Bennettk K. Kitchen drama：performances，patriarchy and power dynamics in a Dorset farmhouse kitchen［J］．Gender，Place and Culture，2006，13（2）：49－56.

⑤ Shove E，Hand M. The restless kitchen：possession，performance and renewal［A］//Kitchens and bathrooms：changing technologies，practices and social organization［C］．Implications for sustainability. Manchester：University of Manchester，2005.

⑥ Kong L. Globalization and Singaporean transmigration：re－imagining and negotiating national identity［J］．Political Geography，1999. 18（5）：563－589.

于对“家”的集体想象之上，并使他们之间产生了强烈的集体感。这种“家”的观念不是来自“怀旧”的过去和乌托邦式的未来，而是实实在在的日常生活实践①。然而，对比在跨国机构工作的商业精英，家的建构对于难民这种被迫迁移的人群来说有巨大的差异②。大量移民常常感受不到“家”的感觉，不受当地国家的欢迎。例如，Duncan（2003）描述了在纽约生存的危地马拉人，他们存在于纽约，却并不是“真正”生活在纽约，他们被当地人制度化为“他者”，缺乏“家”的感觉。特定的物品也是建构家的重要元素。家庭照片和其展示的方式是连接人、地方与时间的载体③。Tolia-Kelly（2004）对在伦敦的亚洲人家庭的研究中发现，家中摆设的视觉文化物品，如照片、图片和绘画等被赋予的意义和价值，承载着与过去的家、自然环境和家庭生活的联结。Walsh（2006）用人类学的研究方法描述了生活在迪拜的英国家庭，通过家庭中的三样物品：绘画、塑料碗和DVD，来阐释移民如何体验和构建跨国的“家”。

（4）无家可归者。无家可归是一种社会排斥和贫困的极端形式④。无家可归者是一个流离失所，没有实际的避难所，也没有团体感和自我感，没有栖身场所和归属感的群体⑤。美国的新自由主义政策被认为导致了美国大规模的无家可归现象，出现了所谓的“美国模式”⑥。随着西方社会中无家可归者越来越多这一现象的出现，学者们认为对其进行研究可以加深对家的理解，所以流浪汉和无家可归者成为家的地理学的研究焦点。已有众多案例研究探讨了全球及地方性的力量如何影响无家可归者，他们在不同国家的生产、变迁和空间影响，社会和城市的决策者如何应对他们等等。例如，西德和东德

---

① Wiles J. Sense of home in a transnational social space：New Zealanders in London［J］. Global Networks，2008，8（1）：116－137.

② Ralph D，Staeheli L A. Home and migration：mobilities，belongings and identities［J］. Geography Compass，2011，5（7）：517－530.

③ Rose G. Family photographs and domestic spacings：a case study［J］. Transactions of the Institute of British Geographers，2003，28（1）：5－18.

④ Von Mahs J. Introduction：an Americanization of homelessness in post-industrial countries［J］. Urban Geography. 2011b，32（7）：923－932.

⑤ Thörn C. Soft policies of exclusion：entrepreneurial strategies of ambiance and control of public space in Gothenburg，Sweden［J］. Urban Geography，2011，32（7）：989－1 008.

⑥ Zeneidi D. The French-style Americanization of homelessness in Bordeaux［J］. Urban Geography，2011，32（7）：1 009－1 022.

统一后，柏林的无家可归者的状况类似美国的状况：流浪汉被迫搬离商业中心，生活在中心区周边的贫困区域，并且福利、服务和居所均低于一般水准①。瑞典则出台了所谓的“柔性排斥政策”，即通过灵活和流动的权力方式对公共空间进行管制，吸引行为举止“正确”的人，而将流浪汉这类外表邋遢、行为异常的人群排斥在外②。法国波尔多的案例则展示了另外一种模式，即对公共空间流浪汉的管理不再是压制性的，而是通过让流浪汉清扫街道和参与街头艺术的形式赋予他们城市身份，让他们成为城市管治中的“志愿者”③。也有部分研究关注的是流浪者本身，他们的日常生活、地方情感和家的意义。地方感是影响着流浪者对“家”理解的重要因素，流浪者主要是通过占据公共空间和建筑来构建自己的“家”，并以此抵抗和拒绝被主流社会标记为“无家可归”群体④。例如，流浪汉对历史文化广场的情感依恋，以及他们致力于将这一公共空间构建为自己的“家”和工作场所的实践⑤。Hodgetts 等（2008）指出，与传统的“收容所”相比，公共图书馆的优越性在于这一公共空间能够促进流浪汉和有房可居者的共处和互动，弱化流浪汉无家可归者的身份。因此，他反对传统公共政策对公共空间的“过滤”和“净化”，强调公共图书馆对于流浪汉“家”的构建具有更为积极的意义。

综上所述，家作为一个人们重要的日常生活空间，还未成为国内社会文化地理学的关注重点。国内对“家”的地理学研究仍处于起步阶段，仅有柴彦威、封丹、陶伟、朱竑等学者关注到了家的地理学。例如，封丹等在对国外“家”的地理学研究进行综述的基础上，以广州门禁社区为例，探讨围墙的意义与家的构建，提出边界的创建构建了家。柴彦威（2014）、赵莹（2013）等通过结构方程分析了中国居民家内外的出行需求及模式。陶伟（2104）等通过解读平遥民居大门的文化属性，探讨了门对于家的观念表征。

---

① Von Mahs J. Homelessness in Berlin: between Americanization and path dependence [J]. Urban Geography, 2011a, 32 (7): 1 023－1 042.

② Thörn C. Soft policies of exclusion: entrepreneurial strategies of ambiance and control of public space in Gothenburg, Sweden [J]. Urban Geography, 2011, 32 (7): 989－1 008.

③ Zeneidi D. The French-style Americanization of homelessness in Bordeaux [J]. Urban Geography, 2011, 32 (7): 1 009－1 022.

④ Del Casino V J, Jocoy C L. Neoliberal subjectivities, the “new” homelessness, and struggles over spaces of/in the city [J]. Antipode, 2008, 40 (2): 192－199.

⑤ Sheehan R. “I'm protective of this yard”: long-term homeless persons'construction of home place and workplace in a historical public space [J]. Social & Cultural Geography, 2010, 11 (6): 539－558.

可见，目前国内关于家的地理学讨论并不成熟，主题较为分散，尚未形成系统。从“家”的概念和内涵可以看出，它不仅是一个房子或一个居住空间，更是情感和意义。而目前国内地理学研究仅侧重于以定量的空间分析对城市住房发展或住房形态进行探讨，很少有研究关注家的内部空间，对人的情感和地方意义的关注更少。特别是发展旅游的地区，对于原住居民来说，面对着大量旅游者的到来，原本具有私密性的家演变为“商业的家”，旅游让私人空间部分或全部公共化（饮食空间最大公共化显性）、所有权与使用权分离（隐形）、一年四季部分时间公共化。家的物理空间发生了哪些变化？如何变化？家的日常生活实践与旅游经济收入如何在家空间中博弈？家对原住民和旅游者来说到底意味着什么？这些都是很重要但却没有得到足够研究的问题。

2. “商业的家”的研究

西方社会盛行的家的概念是作为一个单一目的和单一功能的设施，以居住为目的，很大程度上不同于工作场所。工业革命给清晰地分离了生活、工作和休闲空间的概念化的家空间带来了变化①。由于科技革新，家空间变得越来越灵活多变②。Mac Cannell（1977）强调了“家”概念的改变，反映了工作和休闲的边界慢慢被侵蚀，越来越融合。“家”可以被视为一个经济空间和消费空间（交际空间），是消费者幻想的滋生地③。

“商业的家”这个词源于小型商业住宿的研究，企业将家屋通过住宿出租来达到增加收入的目的。Lynch（2003）第一次提出关于“商业的家”（Commercial Home Enterprise），简称 CHE，随后在 2005 年对该概念进行了详细定义、描述和讨论。“商业的家”是指家屋仍然以主人满足自家生活为前提，游客付费住在私人所属的家屋中，同时家又成为游客与主人互动的场所，游客与主人不同程度分享家屋公共空间的这种住宿类型。“商业的家”与 Pearce & Moscardo（1992）描述的“专业住宿”（specialist accommodation）

---

① Baines S, Wheelock J. Reinventing traditional solutions: job creation, gender and the micro-business household [J]. Work, Employment and Society, 1998, 12 (4): 579 - 601.

② Sullivan C, Lewis S. Home-based telework, gender, and the synchronization of work and family: perspectives of teleworkers and their co-residents [J]. Gender, Work and Organization, 2001, 8 (2): 123 - 145.

③ Osborne P. Traveling light: photography, travel and visual culture [M], Manchester: Manchester University Press, 2000.

很相似，主要表现在：业主经营、游客与主人之间的互动、小的住宿接待能力。一个最关键的区别在于对“小”的解释。在 Lynch（2003）的研究中，“小”所指的家的商业住宿单位不能超过 11 间住房，大多数为3～6间住房。他在对 11 间以上家的商业住房研究中发现，从游客的角度来看，家的维度在不断退化。纵观国外对小型住宿的研究，将 15 间卧室作为分界点比 11 间卧室的更为常见。

由于 CHE 的描述和“专业住宿”的类型大体相似，Lynch（2005）将乡村旅馆、家庭经营的酒店、酒店式公寓排除在外，家的概念体现得非常显著的可以不排除。同时，他给出了关于 CHE 的概念讨论（见图 1），并认为 CHE 是企业领域中值得认可的一种不同类型，“商业的家”只是家族企业中的一种。

在休闲和旅游的背景下，“商业的家”包含以下这些类型的住宿：小型宾馆、欧洲加早餐的简易住宿、家庭旅馆和自给自足的小别墅，它们同时涉及私人、商业和社会三个方面①。

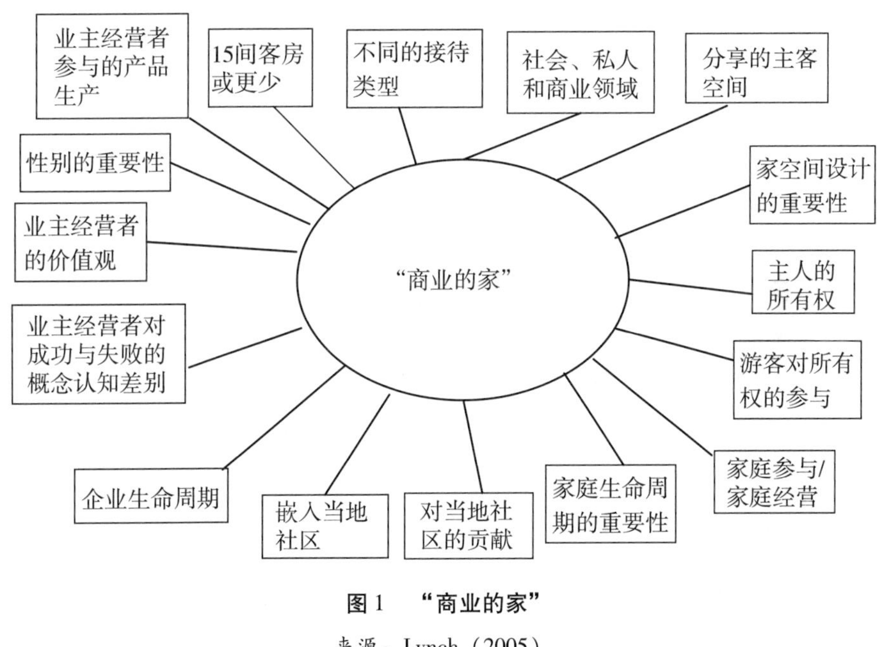

图 1 “商业的家”

来源：Lynch（2005）。

① 1Lynch P A，Mac Channell D. Home and commercialized hospitality// C. Lashley & A. Morrison（Eds）In search of hospitality：theoretical perspectives and debates，2000：100－117.

CHE 的研究按照参与主体分为两个大的部分：“商业的家”的主人（Commercial home host）和游客（guest）。

主要的研究大都集中在“商业的家”的主人部分，因为“商业的家”的主人是“商业的家”提供的旅游产品中必须的和最为重要的部分。关于“商业的家”的主人的基本情况是利用人口学方法对主人的年龄、性别①②、家庭结构③、受教育情况、职业地位和种族来进行研究。例如，CHE 绝大多数是女性，当男性增加时表示经营的规模越来越大。“商业的家”的主人通常被认为是有性别倾向的。对此的解释是结构性的，与妇女在劳动力市场的地位和在家里的地位有很大的关联。种族的信息通常只在“商业的家”为游客提供“真实性”体验的时候才被关注。

另外，对“商业的家”的主人的类型④⑤、个性⑥、动机⑦、价值观⑧⑨、社交网络⑩、不同生命周期的经营状况⑪、经济因素⑫等也有充分的研究。例

---

① Lynch P A. Host attitudes towards guests in the homestay sector [J]. Tourism and Hospitality Research: The Surrey Quarterly Review, 1999, 1 (2): 119 – 144.

② Whatore S. Farming women: gender, work and family enterprise [M]. London, UK: Palgrave MacMillan, 1991.

Hind D, Evans N, Miller A, Bloxham D. Self – catering accommodation in Cambrian. Carlisle: University of Northumbria, 1999.

③ Morrison A J, Baum T, Andrew R. The lifestyle economics of small tourism businesses [J]. Journal of Travel and Tourism Research, 2001 (1): 16 – 25.

④ Altjevic J, Doorne S. Staying within the fence: lifestyle entrepreneurship in tourism [J]. Journal of Sustainable Tourism, 2000, 8 (5): 378 – 392.

⑤ Clegg A, Essex S, Restructuring in tourism: the accommodation sector in a major British coastal resort [J]. International Journal of Tourism Research, 2000, 2 (2): 77 – 95.

⑥ Darke J, Gurney C. Putting up? Gender, hospitality and performance [A] //Lashley C, Morrison A (Eds.), In Search of Hospitality: Theoretical Perspectives and Debates. Butterworth-Heinemann [C], Oxford, 2000: 77 – 99.

⑦ Lynch P A. Female entrepreneurs in the host family sector: key motivations and socioeconomic variables [J]. International Journal of Hospitality Management, 1998, 17 (3): 319 – 342.

⑧ Di Domenico. Locating the Scottish Guest House owner occupier. Proceedings of the 11th Annual CHME Hospitalitg Research Confererce [M]. London: South Bank University, 2002.

⑨ Tinsley R. The contribution of personal networks to building a tourism destination [D]. Edinburgh: Queen Margaret University College, 2004.

⑩ Morrison A J. Small firm strategic alliances: the UK hotel industry [D]. Glasgow: University of Strathclyde, 1996.

⑪ Hind D, Evans N, Miller A, Bloxham D. Self-Catering Accommodation in Cambrian [M]. Carlisle: University of Northumbria, 1999.

⑫ Buick I. Information technology in small Scottish hotels: is it working? [J]. International Journal of Contemporary Hospitality Management, 2003, 15 (4): 243 – 247.

如，Dewhurst & Horobin（1998）区分了“商业的家”的主人以商业或生活方式导向的目标取向，以及商业导向或生活方式导向的成功策略。Gurney（1996）将家庭经营者按照个性分为不同类型：实用主义者、琐碎杂乱的人、矛盾的所有者、外向的人、程式化的人。

在学术研究中，所谓“生活方式型”企业被广泛认可，同时也有较多文献关注，但关于家作为私人空间被商业利用的体验和管理家的方式却较少有人研究。在 Simmel（1950）的“陌生人”理论中，提到了游客与主人在家的空间中消费、重构以及相互作用。在旅游发展的背景下，家空间不仅包括物质结构的家屋和房间，还有花园和周边环境，因此产生了对家的公共空间和私人空间的新的理解①。Michael Hall（2009）关于家的服务场景，沿用 Bitne（1992）提出的三个维度：氛围、空间设计和符号、加工制品，并进行了相关研究。Lawrence（1990）和 Grayson（1998）认为“商业的家”代表了前工业时代和工业时代对私人空间和公共空间意涵的进一步发展。然而，“商业的家”不是回归到一个浪漫的前工业化时代的状态，即使“商业的家”有时可能给人被理想化了的田园风味这种印象。相反，“商业的家”为旅游者提供了一个暂时的私人空间，包括花园和装饰出来的为主人和游客提供连接与交流的服务环境。Di Domenico 和 Lynch（2007）在主人和游客两个维度框架下，定义了“商业的家”的空间设置和家空间的商业与私人住宅的双重功能，并探索了标示（icon）在“商业的家”展演中的意义符号，以及主人对空间所有权的占有和对游客的意义解释，在主客交流互动中社会控制的方法和空间管理策略的应用。

目前，国内的研究中，仅有郑诗琳、朱竑（2016）等人从“家”的视角出发，解读作为“商业化的家”的傣家乐内部空间的重构过程和动因，并关注其对空间内涵的影响。张机、徐红罡（2016）以社会角色与角色冲突的相关理论为指导，以云南丽江白沙村当地纳西族居民家的微观空间为研究对象，发现当地少数民族居民与汉族游客在家空间的互动过程中，双方各自存在角色内冲突的现象，同时彼此之间也存在两种角色间冲突的现象。这既反映出当地居民对经济利益的诉求，也反映出当地居民与游客在家空间中的地位与

① Bitner M J. Servicescape：the impact of physical surrounding on customers and employees［J］. Journal of Marketing，1992，56（2）：57－72.

权力关系。

综上所述，“商业的家”本身就是两个相互对立的概念——商业和家。要了解这类住宿接待类型的本质，就需要对产生概念的社会、商业和旅游相关问题进行研究。CHE 是一个相对被学术和政策制定者忽视的研究领域①，但它其实吸引了高消费的海外游客②，而且对当地的经济贡献也特别重大③。从有限的研究来说，“商业的家”的服务环境和物理环境对主人和游客的体验都是非常重要的，它可以更好地理解服务环境，进一步扩展地方的作用和角色，物理环境可以帮助我们更好地理解主人和游客互动中的社会交往和控制。已有“商业的家”的研究主要聚焦于主人本身的研究，而忽视旅游发生的场所——家空间本身的研究。这导致缺乏清晰的文献探索“商业的家”的空间结构，特别是私人空间和商业空间之间的融合与演变，以及将“商业的家”放置于更广泛的社会领域来理解其物理空间布局。因此，需要探索由于旅游消费而跨越我们的公共和私人两类空间的模棱两可的空间性质。目前，国内的研究从微观角度对旅游目的地的“家”空间的关注明显不够，特别是民族地区旅游目的地“家”空间的重构、使用及权力关系亟须得到更多的理论解释。

三、问题的提出与研究个案的选取

（一）问题指向

民族地区旅游业起步于 20 世纪 80 年代初期，西部大开发政策和资金支持对民族地区旅游业的发展产生了重大作用，极大地改善了民族地区旅游的可进入性，一些旅游品牌和精品旅游区得以建设，旅游业产能和规模不断扩大，旅游产业结构不断优化和升级。民族地区旅游业历经 30 多年的发展和积

---

① Lynch P A. The Cinderella of hospitality management research: studying bed and breakfasts [J]. International Journal of Contemporary Hospitality Management, 1996, 8 (5): 38 - 40.

② Ryan C. Researching tourist satisfaction. Routledge, London, 1995.

③ Morrison A J. Small hospitality businesses: enduring or endangered? [J]. Journal of Hospitality and Tourism Management, 2002, 9 (1): 1 - 11.

累，旅游产业在很多民族地区已经成为名副其实的支柱产业，综合效益十分明显，保持了旅游人数和旅游收入“双高”发展。其发展速度普遍处于10%～30%的增长区间，少数地区甚至出现了几何级数的“跳跃式”发展，远远高于民族地区国民经济的发展速度，甚至高于全国其他大部分省份的旅游发展速度①。部分地区诸如云南、广西等已经成为我国的旅游大省，并正在进一步实施“建设旅游强省”的发展战略。2005年以来，云南省大力推进旅游业的“二次创业”，推动旅游业由观光型向度假、休闲等复合型转变。2010年，云南省委、省政府强调要充分发挥旅游业作为云南桥头堡建设的排头兵、推进器和先导产业的作用，进一步凸显旅游业作为云南战略支柱性产业的重要地位。

2013年，李克强总理提出了新型城市化的发展战略，强调新型城市化要以人为核心，必须和农业现代化相辅相成，以保护农民利益。作为第三产业重要组成部分的旅游业已成为国民经济新的增长点，同时，旅游业的发展已成为促进我国城市化发展的重要力量，旅游城市化已逐渐成为多元城市化道路的一种模式。McGee在东南亚地区发现了乡村城市化的现象。Mohammad（2000）在第三世界国家进行深入调研后，发现了该区域的乡村地域城市化异于Mullins（1991）最早提出的20世纪后期在西方发达国家出现的“旅游城市化”。这是基于后现代主义消费观和城市观，注重享乐的一种城市形态，是一种建立在享乐的销售与消费基础上的城市化模式。在旅游发展区域，非城市人口向城市转移和聚集②。而Mohammac认为，存在一种内向爆炸式的城市化，并把此类区域称为“ruralopolises”③。此后的研究多认为，乡村城市化是一种内向型的发展类型，有自发性和就地性，并没有一般城市化过程中人口、资本从乡村向城镇迁移的过程④。

中国改革开放以来，乡村都市化进程速度非常快，旅游发展对乡村都市化的影响在西部民族地区表现非常显著。孙九霞（2006）在对西双版纳傣族

---

① 李柏文．中国少数民族地区旅游业发展30年：业绩、经验及趋势［J］．广西大学学报：哲学社会科学版，2009，31（6）：10－16.

② 黄震方，等．关于旅游城市化问题的初步探讨——以长江三角洲都市连绵区为例［J］．长江流域资源与环境，2000，9（2）：160－165.

③ Mohammad A Q. Urbanization by implosion［J］. Habitat International，2004，28（9）：1－12.

④ 保继刚，孟凯，等．旅游引导的乡村城市化——以阳朔历村为例［J］．地理研究，2015（8）：1 422－1 434

园社区进行深入研究后，发现傣族园社区的都市化道路是：人口没有离开土地，绝大部分农用土地并没有消失，而是保存了下来，就地非农化。许多村民的生计方式脱离了土地，但他们离土未离乡，也没有出现一般都市化中人口从乡村向城镇集结的现象。在这种就地城市化过程中，民族地区居民的生产方式、生活方式（居住条件、社会行为方式等）、思想观念、社会角色（农民变经营者、经营者变企业家等）、社区功能等方面都发生了巨大的变化①。

商业化就是具有地方性的景观在旅游市场中出售、交易、消费的过程。地方性屈从于商业化的逻辑，外观被地方性特征符号化以供游客凝视，空间内部则改造为具有高度商业价值的场所②。Britton（1991）将这种地方的商业化方式归纳为两种：第一，通过法律方式对具体地方的所有权进行出租或出售；第二，如果吸引物不是私人拥有，就使其成为可出售的商品。

西双版纳傣族传统村寨与傣族的家在旅游发展过程中都经历了商业化的过程。傣族传统村寨在无外力强力干预，特别是地方政府并未进行强制性干预的情况下，并未像丽江、大理、周庄、同里等历史城镇出现“过度商业化”或“完全商业化”的现象，一些傣族村寨仍然呈现清晨薄雾中的傣族竹楼，穿着傣家筒裙的小姑娘款款走来，老人织布、酿酒，孩子在河中嬉戏的景观。傣族传统村寨虽发展旅游，但大部分商铺的消费群体仍是本地居民消费者，且商铺数量并没有超过需求。传统傣家竹楼内部结构和功能等方面虽在逐步改变，但大部分仍保持传统傣楼外观。当地原住居民少有外迁，仍然愿意留在村寨里生活，并未出现“空心化”的问题。

外来旅游者想进入傣族传统村寨体验传统生活与文化，而原住居民并不愿意搬走，因此傣族的家也经历了商业化的过程，“商业的家”就此产生。不同于云南丽江纳西族、大理白族和泸沽湖摩梭人原住民更倾向于将自己的家屋整体出租获得租金，只有极少的原住民以家庭方式亲自经营客栈或餐馆，在西双版纳发展旅游的傣族传统村寨里，绝大部分“商业的家”的经营者仍然是原住居民，他们不愿搬离自己的“家园”，而是通过与游客不同程度地

① 陆林，於然，朱付彪，等．基于社会学视野的黄山市汤口镇旅游城市化特征和机制研究［J］．人文地理，2010，25（6）：19－24.

② 苏晓波．商业化、地方性和城市遗产旅游［J］．旅游学刊，2013，28（4）：8－9.

分享“家”空间来获得旅游经济收入。面对大量旅游者的到来，原本具有私密性的家屋空间被视作旅游商品。从“家”到“商业化的家”的商业化过程中，家屋的内部物理空间发生了演化和变迁。

本书聚焦的研究对象为傣族传统村寨和傣族的家。本书从前人学者对旅游商业化的研究入手，从西双版纳傣族传统村落旅游商业化在无政府外力强力干预的情况下，仍然保有适度商业化，且旅游业可持续发展这一现象出发，用中观层面村落和微观层面家的视角，还原旅游发展下傣族传统村寨和傣族的家的商业化过程，深入剖析旅游商业化各参与主体的互动情况，解释旅游地发生变化的人文内涵。

为了更好地回答以上研究问题，下面将核心问题分解为几个具体的子问题。

（1）在旅游商业化过程中，傣族传统村寨商业化是怎样演化的？表现出哪些特征？各参与主体如何互动？本书以西双版纳三个具有代表性的村寨为案例进行研究，按照时间脉络详细剖析了三个旅游发展程度不同的傣族传统村寨经历旅游商业化的演化过程，分析不同村寨旅游商业化的特征，旅游参与各主体扮演的角色及其协调与互动，实现傣族传统村寨的适度商业化的方式，并对旅游商业化演化结果进行解释。

（2）在旅游商业化过程中，傣族的家如何实现商业化？傣族家的物理空间发生了怎样的变化？有哪些演变的类型？哪些因素导致了家空间的变迁？旅游参与各主体如何实现“商业的家”空间的重构？本书从微观角度出发，聚焦于发展旅游的傣族传统村寨家的物理空间演变。在人文地理学中，家（home）相对于“家庭”（family）和“房子”（house），代表了物理空间和家庭关系的集合①。家不仅是一个装满家具的“容器”，同时还是一个承载社会文化的物质空间②。它融合了实践、经历、情感和意义，是展现人地关系的场所③。家空间的区划、使用和功能与地域文化、社会关系密切相关④。傣

① Alison Blunt. Cultural geography：cultural geographies of home ［J］. Progress in Human Geography，2005，29（4）：505－510.

② Miller D. Home possessions：material culture behind closed doors ［M］. Oxford：Berg Publishers，2001.

③ Blunt A，Varley A. Geographies of home ［J］. Cultural Geographies，2004，11（1）：3－6.

④ Hillier B. Space is the machine：a configurational theory of architecture ［M］. Cambridge：Cambridge University Press，1996.

族竹楼在从最初的私密居住空间演化为主人居住空间的同时，还出现了接待游客住宿、餐饮或手工艺展演等复合半开放性空间。进行旅游接待的家，在很大程度上已经不仅仅是中国传统的根和温暖舒适的文化象征物，更是旅游市场上一项非常受欢迎的旅游商品。家空间的变化既体现了文化观念和生活方式的转变，同时也对空间内涵以及家庭成员的社会关系产生了影响①。

对上述问题进行研究的理论意义在于：第一，丰富已有的旅游商业化研究，解释不同于其他传统村落、历史城镇的傣族传统村寨旅游商业化的结果，并提供民族地区典型案例的支持；第二，与对丽江等外地经营者的家的商业化研究有着明显不同，以原住民为主体的旅游家的商业化研究，是对现有民族旅游商业化研究的补充；第三，对从家空间到“商业的家”空间的演化过程、原因和影响因素的分析，丰富和发展了全球化背景下发展旅游的民族地区家的研究。现实意义在于：第一，为民族地区传统村寨旅游发展、商业控制和村落保护之间的良性循环提供一些建设性意见；第二，对旅游各参与主体在“商业的家”空间中的研究，有利于减少“商业的家”空间中的主客冲突，更好地展示民族传统空间中的传统民族文化和强化族群认同；第三，为民族地区传统村寨的旅游可持续发展的制度安排和运营机制提供一些反思和建议。

（二）研究案例的选取

西双版纳傣族自治州位于中华人民共和国云南省最南端，是云南省下辖的一个少数民族自治州。地处北纬21°10′，东经99°55′~101°50′，属北回归线以南的热带湿润区。东北面与普洱市江城县相连；西北面与普洱市澜沧县为邻；东南部、南部和西南部分别与老挝、缅甸山水相连，邻近泰国和越南，与泰国的直线距离仅200余公里。边界线长达966.3公里，约等于云南省边境线总长的1/4。截至2010年，西双版纳州下辖1个县级市（景洪市）、2个县（勐海县、勐腊县），州政府驻景洪市。“西双”是傣语“12”的意思，“版纳”是指比县小一些的行政区域，“西双版纳”意为“十二个行政区”。西双版纳，古代傣语为“勐巴拉娜西”，意思是“理想而神奇的乐土”，这里以神奇的热带雨林自然景观和少数民族风情闻名于世，是中国的热点旅游城

---

① Reis A. Original and converted social housing: spatial configurations and residents′ attitudes [C]. London: Proceeding of 4th International Symposium on Space Syntax, 2003.

市之一。西双版纳年平均气温 18℃ ~22℃，年均温 20℃的等温线相当于 850 米等高线，长夏无冬，秋春相连且为期较短。西双版纳年日照时数 1 800 ~ 2 100小时，季节分配较均匀，气温年较差不大，日较差较大，和我国大部分地区迥然不同①。

西双版纳拥有丰富的旅游资源，热带雨林景观独特，民族文化更是多姿多彩。目前全州共有 A 级旅游景区 13 个，其中 5A 级景区 1 个（中国科学院热带植物园），4A 级景区 8 个，3A 级景区 1 个。全州有旅游星级购物点 13 个，旅游星级酒店 22 家，且 8 家高星级酒店已经营业，其他特色星级餐厅或傣家乐等共 83 户。根据表 3，西双版纳州接待国内外游客 2011—2017 年持续保持快速增长，2011 年突破 1 亿人次，2015 年突破 2 亿人次，2017 年突破 3 亿人次。根据表 4，西双版纳旅游总收入占 GDP 的比重总体呈现上升趋势，且由 2013 年到 2014 年增幅很大。旅游总收入占国内生产总值的比重总体较高，表明了旅游业在西双版纳整体经济中的重要作用，进一步说明旅游产业的健康发展对西双版纳州整体经济的推动意义重大（见图 2）。

表 3　西双版纳州 2004—2017 年旅游接待情况

年　度	接待国内外游客（万人次）	其中（万人次）			旅游总收入（亿元）	国内旅游收入（亿元）	涉外外汇收入（亿元）
		国内旅游者	海外旅游者	口岸入境一日游			
2004	283.82	271.34	3.37	9.11	24.74	23.65	1.09
2005	282.53	269.99	3.1	9.44	24.4	23.3	1.1
2006	359.71	346.66	2.87	10.18	27.28	26.17	1.11
2007	503	478.83	6.82	17.35	33.96	31.86	2.1
2008	624.28	590.12	11.31	22.85	41.17	37.93	3.24
2009	732.03	686.05	15.18	30.8	62.36	58.12	4.24
2010	853.14	795.61	21.67	35.86	80.33	74.47	5.86
2011	1 012.65	935.98	29.44	47.23	100.24	92.08	8.16
2012	1 253.61	1 158.47	37.42	57.72	139.96	130.19	9.87
2013	1 494.35	1 383.55	41.66	69.14	171.67	159.32	12.35

① 西双版纳傣族自治州基本情况。资料来源：百度百科。

续 表

年 度	接待国内外游客（万人次）	其中（万人次）			旅游总收入（亿元）	国内旅游收入（亿元）	涉外外汇收入（亿元）
		国内旅游者	海外旅游者	口岸入境一日游			
2014	1 700. 26	1 579. 52	36. 59	84. 15	228. 02	214. 83	13. 19
2015	2 001. 4	1 859. 53	33. 24	108. 63	286. 70	271. 84	24. 07
2016	2 519. 95	2 350. 38	47. 26	122. 31	420. 27	400. 33	32. 31
2017	3 326. 47	3 205. 07	60. 59	60. 81	507. 75	478. 16	43. 83

资料来源：根据西双版纳州旅游局和统计局数据整理。

表 4 西双版纳州 2010—2014 年旅游收入对 GDP 的贡献

年 份	旅游总收入（亿元）	国民生产总值（亿元）	旅游收入占 GDP 比重（%）
2010	80	161	49. 7
2011	100	197. 7	50. 6
2012	140	232. 6	60. 2
2013	171. 7	272. 3	63. 1
2014	228	306	74. 5

资料来源：根据西双版纳州旅游局和统计局数据整理。

凡是到云南来的游客，大多希望到西双版纳看看。经过 30 多年的旅游发展，西双版纳的景区和景点如雨后春笋般成长。研究者要研究西双版纳景区、景点，在确定研究选题后，找到有代表性、有可进入性的案例地又成为一个关键问题。通常情况下，研究者选择案例地的途径有三种[①]：一是选择研究者方便进入的地方作为案例地。这种地方往往是因为研究者在当地有广阔的人脉关系。二是从其他有经验的研究者（或非研究者）那里获取案例地的二手信息，从而确定案例地。三是通过多个案例地的实地考察，从中选择有典型性的案例地进行研究。结合自身情况，笔者和导师商议后，将案例地定于西双版纳州的曼弄枫片区曼景法村、傣族园和勐景来。选择这三个案例点的

① 翁时秀. 权力关系对古村镇旅游地的社会影响研究——以乌镇和楠溪江芙蓉村为例［D］. 广州：中山大学，2011.

主要原因有以三个方面。

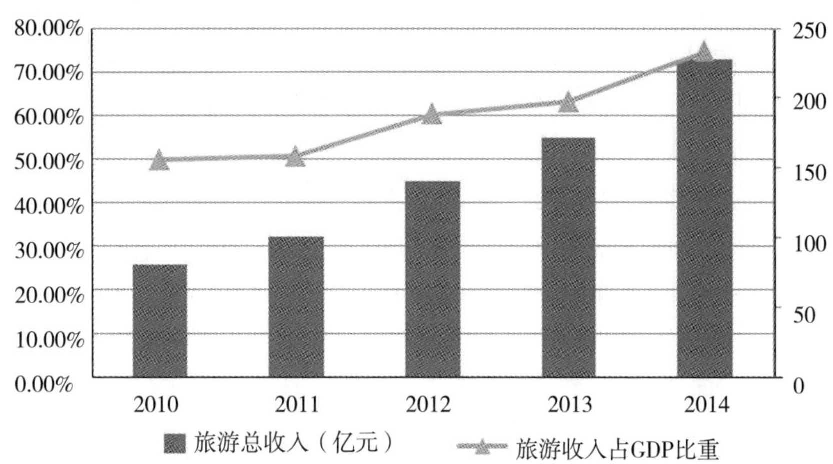

图 2 西双版纳旅游总收入及其占 GDP 的比重

资料来源：根据西双版纳州旅游局和统计局数据整理。

首先，经过近 30 年的发展，西双版纳逐渐实现了从以农业即第一产业为主到以旅游业为主的第三产业为主的业态转型，旅游业已成为西双版纳的支柱产业。西双版纳旅游度假区下辖的 9 个村寨都经历了或正在经历这样的过程，2001 年开始征地，2003 年进行各村寨房屋改造，2007 年左右开始进行旅游开发。截至 2018 年，曼景法、曼弄枫、曼景勐、曼贡、曼英、曼庄、曼贺蚌、曼养广、曼贺纳 9 个村寨完成改造。9 个村寨居民的土地已经或者正面临土地被征用，村民只好转而发展多种形式的乡村旅游业、旅游购物业、旅游运输业、乡土餐饮业、接待住宿业、旅游服务业、旅游租赁业、旅游景观房产业等为代表的新型服务设施与服务业态，以及以经营价格低廉的出租房、种植橡胶和租田为生。毋庸置疑，旅游业在西双版纳的巨大变迁中发挥了主导作用。

其次，在旅游引导的城市化过程中，西双版纳作为典型民族旅游地极具代表性，而少数民族聚居地的巨大变迁是研究的一个好的切入点。根据西双版纳州委州政府“离土不离家，入园又进城，农民变居民，生活更美好”的工作目标，要按照“六个统筹”全面推进现代新农村建设。但受外来投资、出租土地、肆意无序盖房、发展旅游等因素影响，传统村寨旅游商业形态、传统傣族房屋结构和家的空间发生了极大变化，目前传统村寨景观和传统文化保护形势严峻。另外，不同于丽江、大理、泸沽湖、阳朔、凤凰等古城古镇，这些地方大部分家庭旅馆的经营者都为外地经营户，在西双版纳发展旅游的民族村寨里，绝大部分“商业的家”的经营者仍然是原住居民。所以，在“商业的家”空间里，原住民与外界互动、重构空间值得深入研究。

最后，选择多案例研究的原因，主要是由于旅游发展阶段，村寨旅游商业化过程、程度和路径，家的商业化过程，“商业的家”物理空间的变化特征等的差异，导致三个村寨旅游商业化演化和家的空间变迁都有较大差异，所以试图从单案例归纳总结一般规律风险太大。傣族园景区是国内第一个采用“公司＋农户”运作模式，以传统村寨的自然景观和少数民族居民生活为主题的景区，且发展时间最持久。勐景来景区是处于国家边境地区，近年来极受游客欢迎，且旅游开发与景观、文化保护有正面效应的典型景区。曼景法是位于城市中心，且受城市化影响大，历经地方政府主导与退出，自发发展旅游的傣族传统村寨。能够代表不同区位、不同生命周期阶段、不同商业化路径的三个典型傣族传统村寨，虽不能穷尽所有的案例类型，但却极具代表性。

1. 案例点一：曼弄枫村委会下辖的曼景法村

曼弄枫村隶属云南省西双版纳傣族自治州景洪市嘎洒镇，地处景洪市城郊，距镇政府所在地 4 公里，距市区 3 公里。东邻勐泐园，南邻南联山村委会，西邻曼占宰村委会，北邻景洪城区。辖曼弄枫、曼景法等 9 个村。曼弄枫村委会有 705 户 3 120 人，农场有 2 834 户 5 681 人①。

“曼景法”是傣语名字。过去，曼景法村是一个干坝子，种田要等雷响下雨，“雷响田边的寨子”由此而来。为解决干旱问题，寨子里的人向龙王讨要了一个龙蛋，修了塔供奉着，一年四季香火不断，从此风调雨顺。寨子中保留着“龙蛋”，拜“龙蛋”塔的习俗一直延续至今。寨子外有一条大沟，阻隔了寨子与外界的交往，传说龙王常浮出水面，用龙背架起一座龙桥，让寨子里的人从龙背上走出去与外界交往，与亲人相会。所以，寨子里的傣族居民世代爱龙敬龙。曼景法村先后曾获得国家级特色景观旅游名村、“兴边富民”民族团结示范村、云南省首批旅游特色村、云南省村镇建设示范单位、州级交通安全示范村、州级文明村等荣誉称号。

---

① 曼弄枫村委会资料。

2. 案例点二：中缅第一寨——勐景来

勐景来村是打洛地区最早建寨的村寨，有“中缅第一寨”之称，在中缅边境各村寨中地位很高。在西双版纳也只有这一个寨子称为“勐”，其他寨子只能称为“曼”（“勐”是一个地区的意思，“曼”是一个村子的意思）。这有两个原因，一是勐景来的文化传统非常悠久，它的神树、塔林、神泉在泰国皇宫的典籍里都有记载；二是缅甸曾一度宣称对勐景来拥有主权，直到1961年周恩来总理到西双版纳同缅甸总理商谈国界时才确定为我国领土。

近年来，勐景来景区由于《爸爸去哪儿3》等一系列电视真人秀节目为大家所熟知。该景区于2004年1月6日正式营业，位于西双版纳勐海县打洛镇，隔中缅界河打洛江与缅甸相望，处于昆洛公路旁，距打洛口岸5公里，与缅甸掸邦第四特区的首府、著名的旅游城市——小勐拉遥相辉映。勐景来是一个典型的傣族传统村寨，毗邻缅甸，与缅甸掸族边民来往频繁，互相通婚，形成了罕见的傣掸混居现象。勐景来占地5.6平方公里，是依托勐海打洛镇景来自然村形成的，集南传上座部佛教文化、傣族农耕及生活文化和边境探秘等主题于一体的综合性生态文化旅游景区。

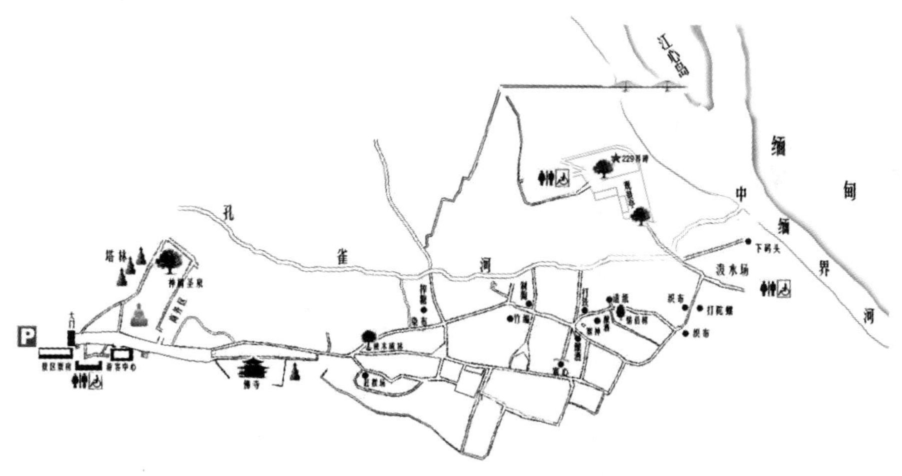

图3　勐景来景区示意图

资料来源：云南金孔雀旅游集团有限公司（2016）。

勐景来景区的管理方为云南金孔雀旅游集团有限公司。目前，村内111户傣族人家保持着原汁原味的民族生活习俗，民间建筑保存完好，可以看到

2 代至 4 代傣楼，建筑传承印迹清晰；南传佛教建筑群及传承体系完善；村寨周边环境为热带田园风光，民族生活习俗完整，是目前西双版纳州保存和维护得最好的傣族村寨之一，也是西双版纳深度体验傣族文化传统的重要景区。

西双版纳勐景来景区有限责任公司拥有职工 121 人，其中 80% 为勐海县居民，65% 为打洛镇居民，52% 为景来村居民，景区每月的工资总支出额达 30 万元左右（未含员工福利），2013 年年工资支出达到 420 多万元。公司优先招聘本村村民到公司工作，同时还聘请了在本村有一定威望的村民作为景区主要管理人员，本村村民年均人数占公司总人数的 52%，年均工资开支 130 万元。其他因景区的介入所带来的经济效益无法准确评估（如开设农家乐、土特产销售等）[①]。同时，景区在开发建设和经营运转的过程中，所需要的建材、设施设备等物资的购买优先考虑在当地采购，为当地经济的繁荣做出了贡献。勐景来于 2010 年 2 月被评定为“云南省首批 50 个乡村旅游特色村”，于 2013 年 1 月被中国文化保护基金会授予“中国傣族文化保护传承示范基地”“中国文化旅游示范基地”等荣誉称号。

3. 案例点三：橄榄坝傣族园景区

傣族园位于西双版纳州勐罕镇（橄榄坝），1999 年 3 月由云南农垦集团公司橄榄坝农场投资（控股）开发建设。景区总体规划占地 336 公顷，总投资 1.5 亿元。主景区由曼将、曼春满、曼乍、曼嘎、曼听 5 个保存最完好的连片傣族千年自然古村落组成，同属于勐罕镇（橄榄坝）曼听办事处，距州府景洪市 28 公里。村民提供资源，以其世代居住的干栏式竹楼建筑群、自然生态环境、百年古树、田园风光以及村民的衣食住行、言谈举止、佛教文化、长期生活工作中形成的丰富多彩的民族文化构成景区的主背景。傣族园股份有限公司（以下简称“傣族园公司”）以资金投入形式对景区进行改造，运用“公司 + 农户”运作模式，即村寨和村民提供资源，公司投资开发，统一规划，统一包装，共同参与，互惠互利，共同开发傣族园旅游项目。傣族园于 1999 年 8 月 1 日正式营业，2001 年被评为国家 4A 级风景旅游区，2001 年接待游客 31 万人次，2004 年游客量达到 50 万人次。主要旅游活动有天天泼水节、傣家民居参观、季节性民族节日展示、民间工艺展示、傣家婚礼习俗

① 资料来源：云南金孔雀旅游集团有限公司。

参观、赕佛、歌舞表演等。

截至 2015 年 7 月，傣族园景区 5 寨共有 345 户，村民 1 698 人，其中外来户 12 户。傣族园每个寨子均有一个 4 ~ 5 人组成的协调小组，负责协调公司与村民之间的关系，由村主任、副主任、妇女主任、村支书组成，公司每月向他们支付一定的补助。协调小组主要为村民和公司搭建沟通桥梁，协调相关问题，如土地租金问题。截至 2015 年 5 月 31 日，全景区共有员工 600 多人，其中傣族园 550 人，负责漂流工作的 29 人，开电瓶车的有 50 人，享受村民困难补助的有 9 人，村民协调小组成员有 28 人。但是，公司管理层、行政机构的 30 个副经理及以下职务中只有 3 个傣族人，100 多名歌舞演员中只有 30 多名本寨村民。

四、研究设计及调研过程

（一）研究框架与研究方法

1. 研究框架

本书从旅游商业化、“家”空间、“商业的家”等方面进行文献综述，通过文献来寻找旅游发展与傣族传统村寨和傣族家之间的关系，提出研究问题。具体流程见图 4。

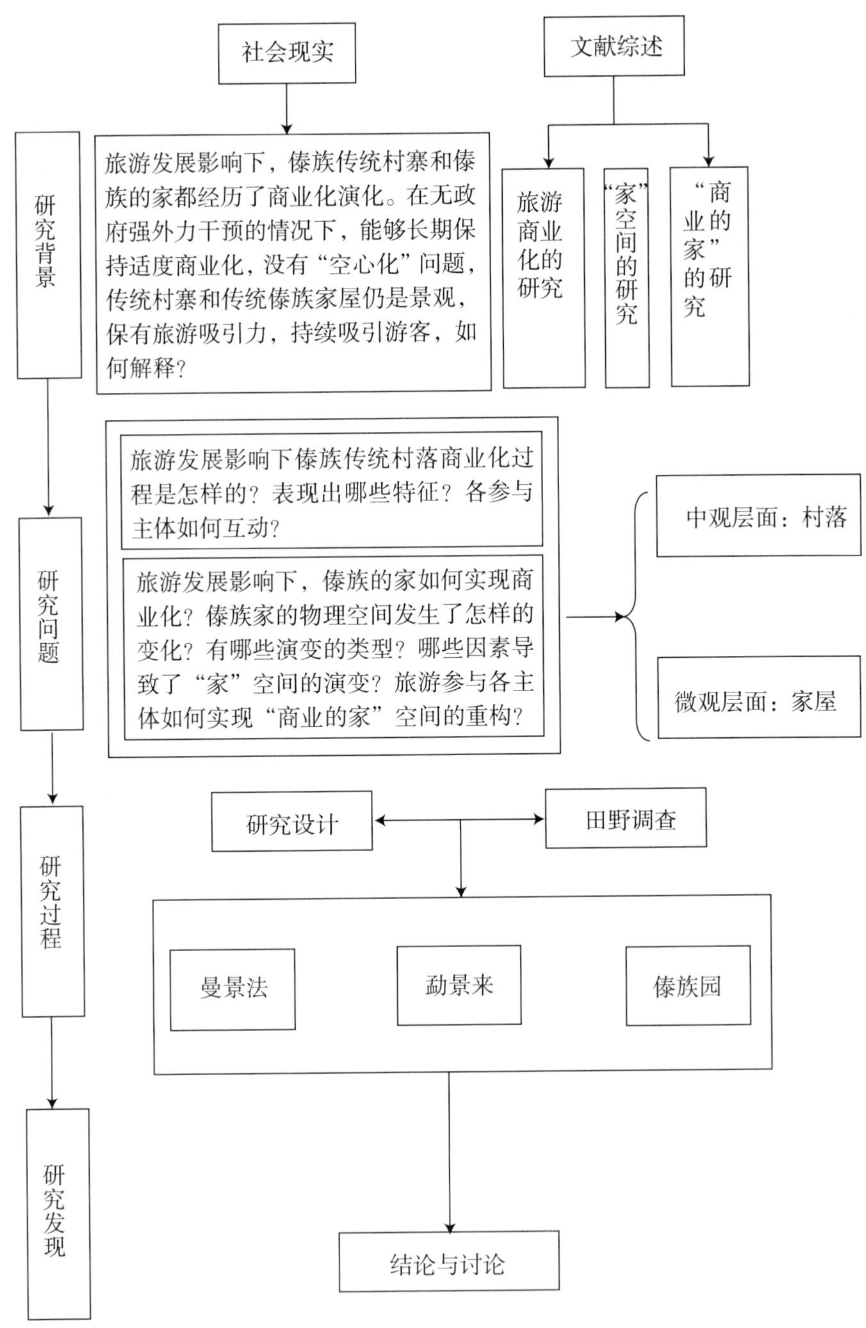

图4 研究流程与技术示意图

2. 研究方法

从方法论角度，笔者主要采用了两种方法：其一，案例研究。案例研究作为一种社会科学中常用的研究思路，在旅游研究中运用尤其广泛。Yin（2004）在其著作《案例研究：设计与方法》中指出，作为一种研究思路的案例研究法，包含了各种研究方法，涵盖了设计的逻辑、资料收集技术以及具体的资料分析手段，是一种全面的、综合性的研究思路，其理论建构的模式属于分析性归纳，即从典型个案的研究中直接从个案上升到一般性结论的归纳推理形式。王宁（2002）也指出，案例研究中的个案需要具有典型性，即集中体现某一类别现象的重要特征。其二，比较研究。本研究中的比较分析涉及两个面向。一为纵向比较，又称历时比较，是指在若干个不同的时间点上收集资料，用以描述现象的发展变化，以及解释不同现象前后之间的联系①。空间的变化，本身就会产生新状态或新特性，并否定、扬弃或改变旧状态或旧特性的过程。因此，本研究对旅游发展历程中的空间进行研究，本身就暗含着纵向比较的研究逻辑与思路。二为横向比较，又称横剖比较，是指在一个时间点上收集资料，用以探讨不同群体、变量之间的关系、差异②。其应用在本研究当中，即对在旅游发展背景下，傣族传统村寨表现出不同旅游商业化的过程和结果以及家旅游商业化的历程存在差异进行辨析和区分。

研究的具体方法与技术包括三种。

（1）文献研究。文献指各种信息的书面材料或者文字材料。随着社会的发展，文献包含了与研究现象相关的任何信息形式。文献研究是一种通过收集和分析现存的，以文字、数字、符号、画面等信息形式出现的文献资料，来探讨和分析各种社会行为、社会关系及其他社会现象的研究方式③。根据研究的具体方法和所用的文献类型，可以将文献研究分为内容分析、统计资料分析和历史资料分析。本书收集了西双版纳整体、西双版纳旅游度假区、曼景法、傣族园和勐景来等村寨和景区的社会发展情况、经济发展情况、发展规划、统计数据和各种社区文件资料、图片，并对其内容进行分析，为研究提供依据。资料来源主要为西双版纳旅游度假区管委会、西双版纳州旅游

---

① 风笑天．现代社会调查方法：第二版［M］．武汉：华中科技大学出版社，2001.

② 风笑天．现代社会调查方法：第二版［M］．武汉：华中科技大学出版社，2001.

③ 风笑天．社会学研究方法：第二版［M］．北京：中国人民大学出版社，2005.

局、曼弄枫村委会、金孔雀旅游公司以及勐景来旅游公司。同时，还收集了傣族文学及宗教方面的相关书籍和文献，将相关文献与深度访谈的资料进行相互印证，增强资料的真实性和可信度。

（2）深度访谈。访谈是收集调查资料的一种替代方法。这种方法由研究者派遣访员口头提问，并记录受访者的回答。定性访谈是根据大致的研究计划在访问者和受访者之间的互动，而不是一组特定的、必须使用一定的字眼和顺序来询问的问题。定性访谈的基础是一组深度访谈的主题，而不是标准化的问题。访谈法能够保证对丰富社会现象的敏感性，并且能做到以人为本①。以理论为导向的访谈可以使被访者零碎且杂乱的访谈资料更好地得以归纳分析，而这个过程，就是研究者和被访者共同探索与创造的过程。深度访谈的目的是从与少数人的细致交谈中获得充分广泛的信息，其特点在于小样本，且对样本的个体选择具有很强的目的性、针对性，而非随机性。因此，受访者往往是某一领域的专家、某一社区的精英、某一事件的主角、某一企业的领导。本书的研究对象为空间，但仍然是基于“人”的基础，主要访谈对象为村寨中居住的当地居民、村委会的领导以及州旅游行政部门的领导和工作人员。在实际操作中，倾向于使用无结构访谈，由研究者和被访谈者围绕一个主题和范围进行相对自由的交谈，通过深入细致的访谈获得丰富生动的资料。本研究的访谈采用循环式。首先，从西双版纳旅游度假区的领导和工作人员开始，大致了解相关村寨的旅游发展状况、正在进行的相关工作以及存在的问题，并由工作人员带领，进入村寨把笔者正式介绍给村寨中的村委领导和旅游发展的精英或代表人物。其次，认真倾听村寨中村委领导或旅游行业典型代表人物的讲述，寻找和他们的共鸣点，然后给出笔者准备的一些简单的开放性问题，让他们先描述和表达最真实的认识、判断和情感。最后，尽可能多地穷尽代表样本。在村寨中寻找不同年龄、性别的居民进行开放式访谈。例如，对村寨中商业的发展和变化、地方的感知、家的感知、傣家乐的经营情况、游客的态度、宗教信仰等的描述，相对年长的人会有更深刻的记忆，也有更多的时间和意愿交谈。另外，因为历年来在西双版纳从事研究的科研人员和学生众多，当地居民对访谈非常熟悉，不太排斥使用电子

① Valentine G. Tell me about...: using interviews as a research methodology [A] //R. Flowerdew & D Martin (Eds), Research Methods in Human Geography [C]. Harlow: Prentice Hall, 2005: 110-127.

设备录音，但也有居民对访谈产生了厌倦情绪，如 B01（男，傣族，50 多岁，傣族园景区）的情况，“你别问我了，我要说的在报纸和网上都有报道了，你去找一下看看就知道了”。所以，要花更多时间，耐心地与当地人打交道。本研究的深度访谈主要针对案例地村寨中较有代表性的典型人物，受访人具体情况见附录。访谈时间从半小时到一小时不等，先对典型人物的访谈进行录音，随后誊写到文本上，以便进行分析。若访谈是计划中和事先约定的，一般会在访谈前拟订初步的访谈提纲，在访谈中会根据受访者的回答情况进行灵活问答。通过访谈，可以了解原住居民对傣族传统村落商业、景观、文化演化的认知，了解他们对家的空间和功能变化的感知等。

（3）实地观察。在社会研究中，观察指的是带着明确的目的，用自己的感官和辅助工具去直接地、有针对性地了解正在发生、发展和变化着的现象。实地观察指在现实生活场景中所进行的观察。观察法分为参与式观察和非参与式观察。参与式观察需要观察者与被观察者一起生活和工作，在相互接触中直接倾听和观看他们的言行。非参与式观察观察者一般不参与被观察者的生活和工作，仅仅作为旁观者对他们进行观察。本研究所采用的非参与式观察是一种无结构的观察。进入案例地以后，观察者以一种完全开放的态度，将所看到的现象记录下来。这一方面可以让研究群体熟悉你的存在，降低戒备心，同时在观察中发现哪些人有可能成为自己的受访者；另一方面可以通过分析整理，将下一次观察范围缩小，并找到一些可以深入的问题。而参与式观察主要用于对“商业的家”中空间演化的研究。这里的参与式观察指的是“客人—研究者”（guest-research）的经历和观察。Lynch（2005）对这种方法有详细深入的介绍，通过“客人—研究者”作为参与式观察者和消费者来体验“商业的家”的空间实践。这种实地调查方法是社会学方法中的印象主义，是自传社会学的一种形式，与建构主义扎根理论相关，过程是不间断地审视和分析观察者的日记和反思记录，利用记录来分析体验的主观感受，同时对比传统的、客观的观察结果。这种观察相对隐蔽，可以防止影响到被观察者的行为和表现。

（二）实地调研及研究伦理

质性研究的信度和效度是无法通过精确的数字来界定的，只能通过多种渠道的互证来保证其信度，并通过内部信息的一致性来保证其效度。质性研究将研究者作为研究工具，强调研究者个人的背景以及他与被研究者之间的关系对研究结果的影响。因而即使在同一地点、同一时间，就同一问题对同一人群进行研究，研究结果也有可能因不同的研究者而有所不同。

必须承认，质性研究存在着一些风险。例如，在对大量第一手资料进行整理、归类、解读和理论解释等方面难免存在一定的主观偏差。同时，笔者在研究中采取了三角检验法进行检验。它是指将同一结论，用不同的方法，在不同的情境和时间，对样本中不同的人进行检验。目的是通过尽可能多的渠道对目前已经建立的结论进行检验，从而保证获得的结论的最大真实度。本研究对观察记录、访谈资料和二手资料的分析进行了三角验证，二手资料主要起印证、补充的作用。对重要受访话题，通过访谈多个不同群体研究对象来交叉验证各自的说法；对核心受访者，通过多次访谈来印证其在不同时间所表达的观点是否一致。

为保证研究的真实性和有效性，本书对资料的获取和使用已尽最大可能地达到真实有效反映事件发展历程和受访者真实想法的效果。

实地调研过程分为预调研和正式调研两个阶段。预调研在 2013 年 1 月 10—28 日进行。正式调研分别在 2013 年 8 月 10—25 日、2014 年 8 月 4—18 日、2015 年 1 月 1—25 日三个时间段进行。

预调研开始前，先对旅游商业化、家、“商业的家”等主题的文献进行通读。然后通过一些官方数据、刊物文章、学术期刊和往届的硕博论文等，全面了解西双版纳的旅游发展状况和阶段、典型傣族传统村寨社区参与旅游情况、傣族的传统文化等方面。

2013 年 1 月，笔者第一次进入案例地，调查时间为 18 天。主要从宏观上了解西双版纳城市化进程、旅游发展状况以及旅游发展的近期和长期规划。在调研初期，经导师联系介绍，进入西双版纳旅游度假区管委会及州旅游局，由旅游局工作人员带领参观景洪市曼弄枫片区，并把笔者正式介绍给曼弄枫村委会负责人及曼景法村村主任，请他们协助笔者开展调研，从而获取了部分研究对象的可进入性。随后，笔者进入傣族园景区，对景区内的旅游商业活动包括傣家乐、泼水和歌舞表演、旅游纪念品售卖等情况进行了调研摸底。第二次调研于同年 8 月进行。在确定研究主题后，入住曼景法，对曼景法村开始大范围的定性访谈，了解和不断验证以旅游发展为主导的村寨改造和旅游业发展过程。入住傣族园，观察村内的各项商业活动，同时进行大范围的定性访谈，了解傣家乐中的家屋物理空间演变和主客互动情况。根据访谈情况，一步步确定重点访谈对象。在生源地为西双版纳的学生帮助下，与村寨老人进行访谈，收集老照片。第三次调研于2014年8月进行。重新进入案例地，在与当地工作的学生交谈后，增加了一个案例点勐景来。笔者曾在2005年期间到该村寨考察，存有相关资料。再次进入该村寨，在村寨傣家乐老板泰纳××的帮助下，对勐景来公司员工、傣家乐老板、手工艺展示者、游客进行了大量访谈和观察，收集了需要的田野调查材料。第四次调研为2015年1月。整理完调研材料，在论文撰写过程中，发现了一些问题，需要进行一次补充调研，回访一些熟悉的受访者。

调研中，会涉及一些伦理道德方面的问题，主要体现在：第一，针对当地居民，笔者都会将自己的身份和目的告知对方，在对方愿意且方便的情况下进行访谈。观察当地居民的作息时间，保证在不影响当地居民的正常生活、工作和休息时间的情况下进行访谈。录音笔的使用需要受访人同意，大部分居民对录音笔并不排斥，但也有少数排斥的，就用笔和本子进行重点词记录，访谈当晚再回忆整理。第二，研究的内容有些涉及个人隐私问题，如傣族人家的内部空间、家里的房间分配及和子女的情感关系、傣家乐的经济收入、经营管理的想法和打算等，这些都遵循保密原则，在文中对人名和店铺名称进行处理，旧照片和新拍照片都是在居民同意的情况下翻拍和拍照，对于不愿告知和被了解的信息都尊重受访者的意愿。第三，开展作为"客人—研究者"的隐蔽观察，是为了防止被观察者得知研究者的身份后调整或改变自己的行为。这种隐蔽式观察的有效性，依赖于参与式观察者"研究者"的身份保密。在"商业的家"的背景中，如果提前表露研究者的身份，可能带来的风险是会影响"商业的家"的主人的价值体系和行为准则，而这些内容对本书的研究来说是非常重要的①。在现实中，研究者可能被怀疑，研究者的身份也可能被发现②。有一些学者会在观察或研究结束离开主人家时，对自己的身份做一个申明。在本书的研究中，被观察者不会被控制或利用。隐蔽的

---

① Stringer P. Hosts and guests: the bed-and-breakfast phenomenon [J]. Annals of Tourism Research, 1981, 8 (3): 357 -376.

② Pearce P. Farm tourism in New Zealand: a social situation analysis [J]. Annals of Tourism Research, 1990, 17 (3): 335 -352.

观察者“常常具有更严格的道德伦理”①，因为研究者需要更多考虑自己的行为和随后的观察报告，所以在“商业的家”中隐蔽了研究者的身份，用“不留下脚印”来表述尤其合适。第四，作为研究者，应尽微薄之力对受访者从事的事业进行支持。例如，固定在一些受访者经营的傣家乐就餐，帮助他们宣传，给他们的经营提出一些建议，等等。

① Mars G，Nicod. The World of Waiters［M］. London：Allen and Unwin，1984.

中篇　傣族传统村落旅游商业化的演化

傣族传统村落最典型的表征就是傣族民居。竹楼是中国现存最典型的干栏式建筑，造型古雅别致，住在里面清凉舒爽。佛寺建筑是信仰南传上座部佛教的傣族地区建筑的一大特色，以落地重檐多坡面平瓦建筑为主，由大殿、僧舍和鼓房组成，中心佛寺外加一座戒堂、一座藏经楼、一座佛塔。主殿外观一般是单檐或重檐歇山式屋顶，或悬山式顶、多角或亚字形重檐歇山式顶。在现代化、城镇化进程中，传统傣族村落的村民受外界影响，会对自家的住房及其房前屋后的各种设施和植被进行改造，这种自发行为使得村落中出现了一些比较醒目的标新立异的建筑，与原初家家户户都差不多的传统建筑不仅风格有些不同，甚至功能也发生了一些改变。村民们并不觉得这样的变化有何不妥，甚至觉得是紧跟时代的一种象征，好多人家都会效仿。当游客进入后，以外来人的眼光进行审美评判，更喜欢看到传统的建筑和景观，反而对新建的大小体量不等的各种建筑评价褒贬不一。零星的游客建议不会引起村民多大的反响，也改变不了村民的意向和决定。但是，一旦村落被列入旅游目的地开发的景点或景区后，游客的感受和需求立即上升到了必须而且要尽力满足的地位，已经被现代化改造的新式建筑，就显得格格不入了。而传统的建筑也因其功能不够现代面临要适应游客需求进行改造的挑战。如此一来，新的建筑和旧的建筑似乎在开发商的眼中都有这种或那种的不是，都需要改造。以政府为主导的旅游目的地开发既要保留传统村落的样态，又要具有现代化的功能，如何在二者之间找到一个平衡点，决定着傣族传统村落商业化的进程和模式。

一、“公司+农户”傣族园的旅游商业化

（一）傣族园旅游商业化的过程

傣族园景区内的5个傣族村寨，占地面积3.36平方公里，投资1.5亿元，分3期完成。傣族园旅游商业化的过程大致经历了三个阶段。

1. 第一阶段：“公司+农户”模式启动5个村寨作为景区开展旅游活动

1998年6月，以国有企业橄榄坝农场为最大股东的傣族园景区公司与曼将、曼春满、曼乍、曼听、曼嘎5个自然村寨村民签订了《西双版纳傣族园开发合同》，以每年300元/亩的土地补偿金作为村民除了原有农业收入以外的经济来源，每5年按照基数的10%递增。园区依托5个自然村寨得天独厚的文化、地理、民俗风情优势，大力挖掘傣民族文化资源，推动文化产业发展，带动村民致富。傣族园景区于1999年8月1日正式运营。

傣族园景区公司第一期投资为4 200万元，完成土地征用，道路修建，旅游购物区地下水管、电线埋设等基础设施建设，建成旅游景区大门楼、迎宾广场、村寨旅游线路、江边活动区、旅游购物区、烧烤场、泼水广场、大型露天剧场。曼春满村是傣族园景区的核心游览区，其出租给傣族园景区公司的土地主要用于修建泼水广场，包括中心水池及雕塑、观景台、旅游商品商店、景观大道、勐巴拉娜西歌舞剧场等。曼乍村出租了部分土地，大部分村民从事傣家乐经营活动，当地政府和企业的接待大多安排在该村，傣族传统房屋景观状况保持较好。到2006年左右，5个村寨约有30%的农户脱离农业生产，在公司的统一规范管理下，投入到景区的旅游活动中①。村民参与旅游发展的主要形式有三种：到傣族园公司做员工，主要参与傣族园的泼水广场泼水节表演和歌舞广场的民族歌舞表演；销售旅游产品，如出售傣族传统服饰、水果、宗教用品、旅游纪念品等；开展傣家乐经营，主要包括提供住宿、傣家风味餐饮、傣楼参观等活动。

① 黄亮，陆林，丁雨莲．少数民族村寨的旅游发展模式研究——以西双版纳傣族园为例［J］．旅游学刊，2006，21（5）：53－56.

2. 第二阶段：原住村民商业意识逐渐提高，公司与村民经济矛盾逐渐显现

通过 10 年的运作，景区 339 户、1 627 名原住居民经济条件得到了很大改善。傣族园景区每逢节假日都会给 60 岁以上的老年人 100 ~ 200 元不等的过节费，原住村民建盖竹楼能获得 15 000 元的补助；村民家建设庭院时，还能从傣族园公司获得苗圃、花盆、技术等。2006 年，傣族园景区完成二期工程建设。随后，景区经济效益、社会效益、生态效益显著提高，对拉动当地就业、推动相关产业链的发展发挥了重要作用。

这个阶段，景区内并没有新增大量傣家乐经营户，傣家乐主要集中在曼乍村，其他村寨在国家法定假期会有一些短期、临时经营的经营户。泼水广场的泼水节表演和歌舞广场的民族歌舞表演主要由傣族园公司负责经营管理，不断地改进、增加和丰富表演内容。例如，2006 年推出新的开场仪式，表演以大象绕场一周开始，增加傣族传统的刀舞和拳舞表演；2009 年增加傣族传统的祭水仪式，商铺仍然集中在泼水广场和曼春满佛寺前。此时 5 个村寨内都开始出现异化建筑，当地政府和傣族园公司尽量说服、教育原住村民保留傣族传统民居，但效果甚微。村民加盖或新建房屋主要目的是为了改善自己的居住条件和扩大房屋、改善住宿就餐条件，以接待更多游客。位于景区深处的曼听村，出租给傣族园公司土地份额最少，异化建筑也最多。该村从傣族园景区旅游发展中获益最少，村民不在意出租少量土地带来的微不足道的收入，大多依靠其他农业收入，所以房屋建造完全不依循傣族园公司的要求。该村在建和已建成的新房多采用现代水泥、砖瓦，完全丧失了傣族传统建筑风貌。并且，在 2010 年直接关闭佛寺，不再向游客开放。对傣族园景区旅游发展依赖性较大的曼春满村、曼乍村和曼嘎村，房屋大多保留傣族传统民居的外观，仅在内部进行了空间分配和功能改良，只有一些依附于传统傣楼旁的新增异化建筑。

随着市场经济发展，贸易和就业机会增多，傣族园景区 5 个村寨所属农田出租价格上涨（2010 年 1 500 ~ 2 000 元/亩），农产品价格和橡胶收购价格不断攀升，村民有了更多的生存和发展来源[①]。村民可获取的外界信息愈加

---

① 左冰．西双版纳傣族园社区参与旅游发展的行动逻辑——兼论中国农村社区参与状况［J］．思想战线，2012，1（38）：100 - 104.

多元化，市场信息不断渗透，传统价值观逐渐变化。由于5个村寨从傣族园景区获利不平等，使得原住居民对傣族园公司产生了更多经济上的要求，如提出景区门票分红、以“傣家竹楼、花园及周边环境”等资源入股的要求。

3. 第三个阶段：公司与农户不断冲突

2009年，傣族园公司三期工程建设正式启动。工程计划总投资8 044万元，分3个阶段实施，建设期3年。傣族园正大门、停车场改造扩建是三期工程的首项内容。2011年7月底，傣族园公司与5寨村民签订补充协议，公司每年从门票总收入中提取15%～20%给5寨村民，并规定每5年调整一次。傣族园公司将每年收入的部分款项（15%左右）分配给各家各户，每年每户约8 000元（景区内8户修建异化建筑的除外），但村民认为分红过少。由于5寨村民对傣族园公司的利益分配不满意，多次发生村民砸坏园区内基础设施的事件。于是，2016年傣族园公司又将门票分红比例提升至20%左右。

2011年8月初，景洪市城市投资开发有限公司（简称“景洪城投”）与傣族园公司签订了《战略合作框架协议》。根据协议，双方将根据西双版纳旅游转型升级的需要，投入2亿～3亿元资金，争取在5年内把西双版纳傣族园打造成国家5A级旅游景区。随后，傣族园耗资数百万元的新大门正式启用，新大门含生态停车场、售票厅、验票组、游客中心、导游接团处等，进一步完善了傣族园的基础设施和配套功能。2012年3月，傣族园开始筹划扩建、改造提升勐巴拉娜西歌舞剧场，引进优秀演艺人才，以名人效应带动提升舞蹈质量。2012年5月，景洪城投对傣族园内龙得湖进行开发建设，扩大傣族园旅游环线，丰富园区活动内容。2015年，傣族园公司筹划建造大型泼水场和其他水上项目，如龙舟比赛等，计划建设杨丽萍歌剧院，并计划在曼将村重点推出非物质文化遗产，在曼春满村推出民族工艺，在曼乍村和曼嘎村发展傣家乐。

这个阶段，5个传统村寨环境、基础设施不断改善，景区的开发工作主要集中在改造和完善早期的基础设施和景点，新开发建设的景点主要包括龙得湖、民族工艺品销售步行街等。傣族园公司将以深层次挖掘本土民俗民间文化作为工作重点，策划、包装和打造“泼水节·印象”系列民俗展演活动，龙舟赛活动、高升演艺活动、赶摆活动等，不断挖掘和展示傣族园内的传统民族文化。曼春满村、曼嘎村、曼乍村仍然以旅游业发展为主，曼将村、曼听村参与旅游业发展较少。村寨内原住居民对景区旅游业发展的扩建、各种旅游项目的增加和旅游商品销售街区的开发大都表示欢迎，希望能从景区旅游发展中获益。综合整体情况来看，在西双版纳地区，傣族园景区是体验少数民族传统文化极具代表性的景区。

（二）傣族园景区商业化演化的特征

从1998年傣族园景区开始经营至今，5个传统民族村寨的生产方式由早期的单一农业生产转换为以旅游业为主、多产业共存的模式，旅游外来资本通过“公司+农户”的运作模式主导了傣族传统村寨的商业化演化。呈现出以下特征。

1. 资本注入改变业态

在发展早期，旅游外来资本控制了租用土地的经营权、管理权、决策权等，传统民族村寨改造基本由外来资本完成。傣族园公司扶持了少量的傣家乐参与旅游业发展，并有部分原住居民进入傣族园公司工作。村寨景观发生改变，村民生产方式也因旅游开发从第一产业向第三产业转变。

2. 商业化展演赢利

傣族园景区内泼水广场和歌舞广场的商业化表演主要由傣族园公司负责确定演员、表演内容、表演时间和表现形式。2005年，傣族园公司增加了非物质文化表演，在村寨内租用傣楼，按面积大小付给租金100~300元/月不等，并聘请原住居民在固定地点进行织布、纺线、制作象脚鼓等活动。该旅游项目共聘请46名员工，均为傣族园本地居民，其中展示人员31人，工资每月每人700元，工作时间为每天13：00~16：30，制作的布料或者象脚鼓等都归制作的村民所有，可以自行出售给游客，公司不予干预。

3. 商铺经营多样化

专门针对旅游者的商业空间主要集中在泼水广场、歌舞广场、曼春满佛寺商业街和手工艺品步行街，其他零散商铺不专门针对旅游者。泼水广场周边商铺主要售卖饮料小吃租售傣族服饰，经营时间仅为泼水节表演前后共4小时左右；泼水广场门口的路边小摊，主要经营各种小饰品、小吃以及照相；曼春满大佛寺门口商铺主要售卖民族服饰、饰品、手工艺品、小吃和水果，且经营时间较为随意，如遇上村寨内红白喜事，就关门歇业。

4. “傣家乐”经营分淡旺季

曼乍、曼嘎两村寨中挂有统一铜色灯笼标识的傣家乐为经过州政府认定的合法经营的傣家乐。调研发现，曼乍村有 19 家，曼嘎村有 21 家。非规范傣家乐通常只在旺季（即五一、国庆、春节长假等）临时经营。傣家乐淡旺季价格差距不大，较为稳定。

5. 居民外迁与迁入变化小

截至 2015 年 7 月，傣族园景区 5 村寨共有村户 345 户，村民 1 698 人，其中外来户 12 户。5 村寨内除出嫁、外出求学等原因，无规模原住人口迁出的现象，有少量外来户买地或租地迁入景区。

6. 居民大多支持旅游业发展

傣族园内 5 村寨居民大多对旅游业发展持支持态度，因发展旅游业既能够带来经济收入，又能使村民从较为繁重的第一产业农耕劳作中解放出来，从事更加悠闲一些的第三产业。后期由于经济利益分配不公、信息不透明、价值观多元化等问题，公司与村民矛盾突出，双方多次对土地租金、门票分红比例进行商讨和调整。

二、“中缅第一寨”勐景来的旅游商业化

西双版纳与缅甸、老挝接壤，到西双版纳旅游的游客大多希望能够到边境线游览，体验一下异域风情。所以，一些口岸就成了游客选择的旅游目的地。为满足游客之需，旅游目的地的村寨随之获得发展的机遇。景来村是勐海县距打洛口岸约 5 公里的一个传统傣族村寨，东临缅甸，西面紧靠昆洛公路，南部是大片橡胶林，有“中缅第一寨”之称，且陆路、水路都可以通往寨子，便利的通行条件使其成为旅游资本注入的首选。勐景来也因此经历了旅游商业化的过程，大致划分为以下三个阶段。

（一）第一阶段：传统民族村寨转变为旅游景区

山水相连的自然地理催生了中缅双方边民来往频繁，互相通婚，傣掸混居的现象。清朝时期，缅甸是英国的殖民地，英国在中缅边界问题上制造了长期的纠纷。直到 1961 年 4 月中旬，在傣族人民欢度泼水节期间，周恩来总理与缅甸前总理吴努举行了中缅边界会谈，商定中缅国界以江心为界，才从根本上解决了中缅的边界纠纷。这里的居民原来和对面岸上的缅甸居民同属

一村，两国划江而治后，这个村子一分为二，一半在中国，一半在缅甸。这里曾经一度是中缅边境的宗教文化中心，当年缅甸王子召勐拉罕还曾慕名而来。据记载，公元1082年，傣王召烛拉翁为表彰101位高僧，在勐景来建大小金塔101座。塔林和神树都是村寨的守护神，勐景来佛寺（贝叶书院）更是在西双版纳乃至整个东南亚南传上座部佛教中享有盛名，鼎盛时曾达3万信众。

2003年3月17日，云南金孔雀旅游集团有限公司与勐海县打洛镇景来村签订《承包合同》，公司与村民双方在平等自愿的基础上，为寻求景区与村寨可持续发展，达到合作共赢的目的，选择了良性发展的“公司＋农户”旅游经营模式。“公司＋农户”是农业产业化的一种形式，即公司以技术、资金联合农户的土地和劳动力的投入，形成一种风险共担、利益共享、优势互补、共闯市场的发展运作机制。随后，景来村成为西双版纳勐景来景区，隶属于云南金孔雀旅游集团有限公司。

勐景来景区于2003年开始规划建设，于2004年1月6日成功试营业。进入村寨，可见一排排错落有致的传统傣家竹楼，一棵棵高大的榕树和满园的芒果树。村寨内传统手工艺十分齐全，染布、榨糖、制陶、酿酒、打铁、造纸等，到目前为止仍可以正常生产经营。勐景来景区是集少数民族文化、宗教文化、傣乡古寨、农耕文化和边境探秘文化等于一体的综合性生态旅游景区。2005年初，西双版纳金孔雀旅游集团有限公司在勐景来成立了分公司，开发村寨旅游资源，促进村民就业。

“这里（勐景来）曾经电线杆林立，农家修了红砖围墙，盖起了混凝土的楼房。”云南金孔雀集团负责人李梅说①。

C07说：“2004年、2005年的时候，就成了景区，有些砖房子拆了，不过我们村基本都还是住傣楼，木头的傣楼。我们还是那样（生活），也没什么变化，每天还是种地、礼佛，有一些游客来，也有一些人（村民）去（勐景来景区公司）上班。江上有一些跳舞的、卖烧烤的，游客来了还要放高升。”（C07，女，38岁，傣族，手工艺展示，勐景来）

“今天参观的是中国和缅甸界河上的‘中缅第一寨’勐景来，进入村寨的方式是通过水路，坐在竹筏上沿江漂流。对面就是缅甸，隔一段距离江边

① 西双版纳：少数民族村寨保护开发施“魔法”［EB/OL］．中国民族宗教网，2013－01－18.

就有一些舞蹈或是生活场景的展示表演，还有提供烧烤的。下竹筏进入村寨的时候，码头会放高升，据导游介绍是欢迎我们来到傣寨。进入村寨，见到的是完全不同于景洪的传统傣族村寨，村民们住的傣楼还是全木质的，有一些傣楼经过主人的同意可以上去参观。村民们都特别热情，我们上到二楼的客厅休息，他们就赶紧拿出各种各样的水果给我们吃，而且是完全不要钱的，让我们尽管吃。在一些傣楼的一楼有手工艺展示活动，有老人在织布、酿酒、造纸、制陶，每家都不一样，但老人说的话我们都听不太懂，很难交流。这些东西都是对外售卖的，一起同行的同学想买酒回去，最后还是因为不方便携带而作罢。中心广场有个可以压榨甘蔗汁的木质器具，在旁边拿一些甘蔗放进去，使劲压下去就有甘蔗汁流出来，可以免费体验和饮用。虽然太阳特别晒，但我还是尝试了一次。我们还参观了塔林、神树和大佛寺，据说大佛寺在东南亚都很有名气。大部分游客都是来观光半天就走了，村里好像也不提供住宿。村寨里的人基本都保持着休闲的生活状态，小孩子在嬉笑打闹，老人们做着手工艺，还有一些人在家里闲着。”（笔者 2005 年参观勐景来的日记记录节选）

（1）勐景来景区放高升及泼水欢迎仪式

（2）勐景来景区傣族织布体验

图5 勐景来景区传统文化体验（2005年拍摄）

（1）勐景来景区景点标示牌

（2）勐景来景区村寨内景

图6　勐景来景区内景（2005 年拍摄）

2005 年，勐景来景区公司投入 80 多万元资金，对傣族传统村寨进行改造和建设。改造主要集中在：电力线全部改造下埋，以傣族传统的竹篱笆和绿化带取代红砖水泥楼房；大量种植草坪、各种热带树种和花卉，重新规划和补充村民家中的庭院植物，补种具有傣乡特色的椰子树、菩提树和热带花卉，美化村寨环境；拆除村寨内的少量违规异化建筑；修建了景区大门、游客接待中心、傣族文化展示室等一些旅游基础设施。原住居民仍然保持着原有的生活状态，每天从事手工艺活动，如织布、酿酒、制陶等，少量村民参与旅游业发展。2005 年勐景来景区被评定为国家 3A 级景区。

受国家禁赌和禁毒政策影响，2004 年 12 月 1 日开始关闭打洛口岸。封关后，勐景来景区游客量随之减少。2005 年 10 月，政府实施修路工程，游客量更少，勐景来景区的经营几乎处于停顿状态。

（二）第二阶段：公司主导下的传统民族村寨旅游开发

2006 年，勐景来景区公司开始扶持部分村民进行傣家乐的旅游接待活动，指导他们利用传统特色房屋进行傣族特色餐饮和住宿经营。同时，不断完善手工艺展演项目，通过多种方式改善讲解员队伍结构，提高讲解员队伍素质，充实讲解员队伍。2008 年，勐景来景区被评为“云南省首批乡村旅游特色村”，其中经营傣家乐的景来村成为勐海县的示范村。2009 年，勐景来景区公司陆续招聘了 234 名景来村村民为景区员工，帮助解决富余劳动力就业问题。2010 年 1 月，景来村被云南省人民政府授予“省级历史文化名村”的荣誉称号。2010 年 2 月，景来村顺利通过了“云南省首批 50 个乡村旅游特色村”的评定。

2011 年，勐景来景区根据金孔雀旅游集团公司“十二五”战略部署，开展全园区旅游服务质量和旅游特色村的提升改造工程。内容主要包括硬化漂流码头、兴建 500 立方水池、硬化 450 米景区公路、建设 500 米村寨电缆沟，同期启动公路引导标识等工程建设，大大提升了景区旅游服务质量。勐景来景区对村寨内村民重建房屋的工作，一直实行统一管理，主要由公司与村委会干部进行沟通，再由村委会干部与村民直接商议。主要原则为保持傣楼外观风貌，内部空间和设施可适当调整。根据傣族传统习俗，开门节后才能进行建设新房、举行婚礼等活动，因此，每年傣族传统节日开门节来临，就会迎来新一轮的建房热潮。目前所有新建的傣楼都是新式傣族木楼，其以宽敞的格局和别致的外观屋顶而深受村民欢迎。

（1）勐景来景区新式傣族木楼

（2）勐景来景区新式傣族木楼

图7 勐景来景区新式傣楼（2018年拍摄）

这一阶段，傣族传统村寨景观风貌保持完好，虽然建筑材料发生了改变，但建筑的外形色彩和架构仍然保留了傣族传统的干栏式建筑风貌，建筑、院落及周边自然环境仍然保持着传统村落的自然机理（见图7、图8）。原住村民的家空间功能有了拓展，如一楼的手工艺品的展示和销售，二楼的特色民族餐饮和住宿接待（见图9）。村寨内进行了主要道路的改善和标识系统的设立，如村寨内的标志物之一寨心和傣族传统非物质文化遗产采用中文、英文和傣文三种文字进行标识解说（见图9）。公共空间由单一的村民丰富业余生活的活动空间转变为旅游娱乐空间，如外国留学生、景区工作人员和村民在篮球场举行大联欢活动。所有的人轮流表演节目，并观看、参与体验傣族传统歌舞表演。勐景来佛寺（贝叶书院）开始接受不同信仰的游客，游客可以与都比法师及其他僧寮进行交流，了解贝叶书院概况，以及南传上座部佛教基本礼仪常识。

（1）傣家乐二楼的餐饮接待（来源于网站）

（2）在傣家乐一楼，旅游者参与特色餐饮制作（来源于网站）

（3）傣家乐一楼的造纸展演

（4）非物质文化遗产慢轮制陶展演参与项目

图 8　勐景来景区傣家乐及手工艺展演情况（2018 年拍摄）

（1）勐景来景区寨心标识牌

（2）勐景来景区制糖技艺标识牌

（3）勐景来景区贝叶文化标识牌

图 9 勐景来景区标识系统（2018 年拍摄）

（三）第三阶段：村寨知名度提高，游客人数增加，旅游商业活动越来越丰富多样

2012 年，受国家相关优惠政策的影响，勐景来景区“十一”国庆黄金周首日入园人数达到 471 人，次日增加到 665 人。第三天迎来首个客流高峰，并突破千人大关，截至 16：00 时总接待人数 1 404 人，较 2011 年同期 536 人增长 161. 94%，其中漂流较 2011 年同期 102 人增长 157. 84%[①]。2017 年全年接待游客人数突破 52 万人，村民的年人均可支配收入达 25 790 元[②]。

---

① 资料来源：云南省金孔雀旅游集团公司官网，http：//www. banna. travel/bencandy. php？ fid =39&id =2558。

② 资料来源：云南省勐海县打洛镇。

“推特色　树品质”勐景来傣家乐火爆[①]
（2012 年）

据勐景来旅游咨询点的初步统计，10 月 3 日从早上 9 时起，进入打洛的自驾游游客逐渐增多。随着游客的增多，勐景来景区的游客逐步攀升，截至下午 18 时，进入打洛的自驾车 285 辆，到景区的自驾车游客人数已超过 350 人。

勐景来景区自 2008 年被评为“云南省首批乡村旅游特色村”以来，逐步显现出农家乐的无限生机，成为打洛镇及至勐海县农家乐发展的领头羊和示范村。由于价格合理、菜色繁多，且风味独特，农家乐自成立以来，游客络绎不绝。农家乐示范户岩拉叫“老波涛”，高兴地对我们说：仅 3 号一天就由于家中接待量有限，已经委婉回绝了三批游客的用餐需求。目前，勐景来全村现有农家乐 10 多家，床位 70 多张，餐位 250 多个，直接从业人员 50 多人。其中，有县级农家乐休闲旅游示范户 9 户，星级农家乐 9 户。农家乐经营户年均收入 10 万元左右。在旅游旺季，勐景来村平均每天有 50 ~ 80 名游客住在农家乐体验农家生活，已经有较好的市场美誉度。

勐海县旅游局、打洛镇政府因势利导，积极组织开展农家乐规范经营，通过农家乐标准评级，设立了 9 户农家乐示范户，进一步提升勐景来农家乐的服务质量和水平，进而提高示范户的经济收入。

2013 年 1 月，勐景来景区被中国文化保护基金会授予“中国傣族文化保护传承示范基地”“中国文化旅游示范基地”的荣誉称号。云南金孔雀旅游集团有限公司在勐景来景区举办了传统村寨保护、文化传承等大型活动、论坛等，以及“傣族文化周”主题活动，展示了传统造纸、傣药酿酒、竹编、榨糖、制陶、打铁、傣锦制作和民间乐器葫芦丝制作等形式多样、内容丰富的传统手工艺技艺及与之息息相关的民居文化。

---

① 资料来源：云南金孔雀旅游集团官网，http：//www. banna. travel/bencandy. php？ fid = 39&id = 2558。

云南勐景来景区探索民族村寨旅游开发中的坚守①

(2013 年 2 月 16 日)

一直以来，西双版纳傣族传统村寨文化以其浓郁的民族特色、丰富的表现形态和质朴的生态样貌，受到广大文化旅游者的喜爱。随着经济社会的快速发展，传统的傣族村寨也受到外来文明的冲击，村寨面貌逐步发生了巨大的变化，其传统文化亟须得到保护和传承。

1 月 6 日至 9 日，由中国文物保护基金会、中国民族建筑研究会和西双版纳傣族自治州人民政府主办的“中国文化遗产探访之旅走进西双版纳勐景来暨中国文化遗产保护与文化旅游发展（勐景来）论坛”在西双版纳勐景来景区举行。通过实地参观和专家演讲，一个在保护和利用的矛盾中寻找平衡点的案例生动地展现在我们面前。

西双版纳勐景来景区是依托勐海县打洛镇景来自然村形成的，集南传上座部佛教文化、傣族农耕及生活文化和边境探秘等主题于一体的综合性生态文化旅游景区，距中缅打洛口岸约 5 公里，2004 年 1 月 6 日正式营业。

文化保护是前提

“文化保护首先是保持村寨自然环境和文化环境的协调一致，其次是保护和传承傣民族手工艺传统。”李梅说。

这里居住着 109 户傣族人家，记者看到，他们依然保留着传统的居住形式和生活形态——住着干栏式的傣楼、夜不闭户，村口就是缅寺、塔林，染布、酿酒、榨糖、打铁、织布等工艺作坊散布全村寨，传统的竹篱笆和绿化隔离带发挥着围墙的功用，道路多以青砖铺就，路旁的排水沟用鹅卵石搭砌——各种建筑与周围环境和文化氛围自然协调。

佛寺是傣族村寨里常见的建筑。在勐景来，佛寺不仅是出家修行的地方，也是贝叶经制作技艺这项国家级非物质文化遗产的传承之所。在寺院佛殿旁的草地上，一位老和尚带着两个小和尚盘腿而

---

① 资料来源：中国文物报，http://www.ccrnews.com.cn/index.php/Digital/index.html。

坐，手拿铁笔，把经过煮、晒、压等程序制作过的贝叶棕叶片置于膝盖上，认真地刻着贝叶经。

西双版纳傣族有悠久的制陶历史，许多村寨的民间艺人和家庭妇女都会制陶盘、陶罐等器皿，以及供奉的神龙、神像等吉祥物。在一家制陶作坊里，外婆、妈妈和女儿正在忙碌。外婆捏泥条，妈妈给陶坯塑形，女儿边玩陶泥边看着大人们劳作。

……

一门门传统手艺就这样自然而然地代代相传。

旅游目的地开发与保护的矛盾是传统村寨发展旅游都会遇到的问题。云南省金孔雀旅游集团对勐景来景区的开发过程总结为“CCTV 模式”，它是 Conservancy（保护）、Company（公司）、Topic（主题）、Villager（村民）的第一个字母缩写，即“文化保护、企业主导、主题鲜明、村民受益”的综合开发模式。文化保护是民族村寨旅游开发的前提，公司主导是目前发展村寨旅游现实路径的选择，鲜明的主题则是民族村寨旅游开发的核心，村民受益是实现村寨旅游持续发展以及自然和文化资源保护的动力保障。村民是民族文化资源和产权的所有者，同时也是社区参与旅游发展的主体及村寨旅游发展中重要的相关利益者。

我们现在好过多了，以前住的也没现在好，村里路啊活动的地方都不怎么好，发展旅游以后，（勐景来景区）公司投钱改的。最早都是靠种地耕地，现在有分红，做傣家乐，一年收入都是好几万了，以前想都不敢想。游客也喜欢我们这里的环境，房子，吃的，我们也觉得挺自豪的。我们到现在都是穿我们傣族自己的衣服，过泼水节、开门节、关门节这些节日，小娃娃送去佛寺当沙弥，学说傣语。这个（民族文化）没什么太大变化。（C09，女，37 岁，傣族，傣家乐老板，勐景来）

在勐景来景区，村民收益包括经济收益和文化收益。前者又分为就业、手工艺平台、经营收入、分红、生活品质提升等直接和间接收益；后者主要是观念及文化水平的提升、文化自豪感、文化生活的丰富、民族文化得以传承等方面。2003 年以前，勐景来还是一个完全依靠农业发展的村寨，人均年收入不足 1 000 元。而 2004 年景区开始经营后，一位酿酒老人的月收入就能达到3 000多元。

作为国家级非物质文化遗产的傣族手工造纸，并非只是“旅游表演”，而是有实实在在的市场。手工制作的“构皮纸”具有透气、耐磨、耐用、质白、书写流畅、不易破损等特点，至今仍在使用，且供不应求，是当地人抄写经书、书写作画、包裹普洱茶、扎油纸伞、制作孔明灯等的上佳纸张。除了原本的售卖活动，造纸的手工艺展演活动经过勐景来景区公司的提升改造，也延伸出一系列游客参与的旅游项目。例如，体验傣族手工造纸，并用自己做好的纸张学写傣文或作为旅游纪念品等。

景来村传统的手工艺展演可以吸引游客体验旅游产品，还可以作为售卖的旅游商品的平台，使傣族传统的打铁、造纸、酿酒、制糖、制陶等手工艺传承下来。“陶器我们拿来装米、装茶叶、装水，还可以煮汤，你看那些傣家乐门口挂的也是陶罐，当招牌。我们的陶土是从勐遮进的，制陶要慢慢学，我学了五年，大的陶罐还是做不好。以前就是村里人要，再就是拿出去卖。现在游客也会买，很多人都来学做，景区也帮我们改善了这些（设施），搞了一些游客跟着学制陶的活动，这样我们也可以得钱。有这门手艺也觉得很好，我跟我妈学，我儿子现在也感兴趣，也想学。”（C10，女，30岁，傣族，手工艺展示，勐景来）旅游发展带来的经济效益还增加了居民自信，提高了社区凝聚力等①，继而形成目前旅游开发与资源保护的良性循环。

2015年7月，湖南卫视《爸爸去哪儿3》的成功播出，促进了景区的社会效益和游客量的递增。随着游客量的不断增加，也反映出景区接待能力不足、设施设备老化陈旧等一系列问题，这些问题严重影响了景区游客游览的体验和品质。为了全面提升景区的游览质量和游客满意度，2015年11月19日，勐景来景区公司与村委会签订了《勐景来景区承包合同补充协议》。2014年8月，笔者进入勐景来景区，已经观察到一楼一底的干栏式民居，虽然还是典型的傣楼格局，但所用建筑材料有的已发生变化。例如，屋顶用上了琉璃瓦，而具有附属功能的阳台、厨房和卫生间则采用了砖混结构。“我们现在新盖的房子最早的时候是用竹子，现在都是用木材。景区就叫我们按照老房子的外观，大家都尽量弄得一样。里面的格局就随我们自己了，我们

① 刘静艳，王雅君，施琼．旅游经济收益及旅游影响感知对社区居民环保意向的影响研究［J］．旅游科学，2014，28（3）：10－21.

家现在是阳台、厨房和厕所都扩（展）出去了，用的砖，住的也舒服。”（C08，男，30 岁，傣族，傣家乐老板，勐景来）

这一阶段，勐景来景区旅游商业活动主要集中在扶持村寨中的 9 家傣家乐成为西双版纳州傣家乐的示范经营户；利用傣族传统干栏式建筑一楼并不住人的空间，引导和培养村寨内原住居民参与傣族传统造纸、酿酒、制陶等手工艺展演和售卖活动。由于旅游发展带来的经济收入和生活水平的改变，村民对村寨内旅游业发展持欢迎态度，大多积极通过各种方式参与旅游业的发展。

从 2003 年勐景来景区开始经营至今，景来村完成了传统农业生产向第三产业的转换，村寨传统生产生活空间就地转换为旅游商业空间与生产生活空间相融合的复合空间。呈现出以下特征。

第一，商业经营保留传统。村寨内的商业分布并不太集中，有数十家提供住宿和餐饮的傣家乐。主要以自住房屋为主，少有异化建筑。旅游纪念品并非标准化，都以当地传统手工艺品为主，如酿酒、制陶、造纸等，且多为现场制作。商业经营者基本都为村寨内的本地人，少有外来租户。

第二，居民坚守本土，对旅游业发展持肯定态度。景区内原住居民享受着村寨内的日常生活，基本都没有外迁的想法。目前游客对当地居民的日常生活未带来太多负面影响，原住居民对游客的态度十分友好，对旅游业的发展持积极态度。

第三，公司与原住居民合作较为融洽。在旅游发展引导下，旅游外来资本通过修复和控制传统村寨风貌景观、修建旅游接待基础设施、旅游项目策划、傣族“家”空间的商业拓展以及扶持和指导村寨原住民参与旅游发展等来实现产业和空间的转换。在傣族传统村寨商业化演化过程中，外来旅游资本通过“公司 + 农户”的开发模式主导了傣族传统村寨的商业化演变，增加和丰富了以旅游服务为目标的空间元素，旅游收入成为村寨原住民的主要经济收入来源，同时增加了族群文化认同感，保护了传统的自然资源和文化资源。

三、城市中曼景法村的旅游商业化

曼景法村因在城边这一地理优势，使其很快进入当地政府旅游规划范围，也因此获得快速开发的机遇并有项目落地。“多哥水”展演和旅行社团队接待曾使曼景法村一度享受到旅游资本带来的剧增收益，但在政府主导作用退出后，仅依靠村民自我发展，旅游业迅速衰落，本地人的餐饮消费和租用客房都无力挽回曾经的辉煌。回顾10余年的历程，曼景法村旅游商业化的过程经历了以下三个阶段。

（一）第一阶段：城市化进程中农民大量失地

曼景法村属于西双版纳旅游度假区下辖的9个自然村之一，由西双版纳州委、州政府和西双版纳旅游度假区管委会统一规划和开发。度假区二期开发征地面积较大，涉及村寨群众较多。自2003年以来，度假区管委会和市、镇两级党委、政府，开始大力推进村寨群众的宣传教育工作，有计划地组织村寨干部、群众外出参观考察，学习其他地区城市产业开发的经验做法，促使村寨干部、群众提高认识，增强参与二期开发的信心，并在征地拆迁中认真落实政策，严格执行协议，保障了二期开发前期工作的开展。

地方政府在旅游发展大背景下，征地主要用于投资环境的改善和外来旅游资本的引进。“政府要修度假区大酒店，我们以前住的地方现在就是在大转盘那里了，都是大马路了，村子都变小了，以前那边全是我们村子的。”（A01，男，60多岁，傣族，赋闲在家，曼景法）“我们这个村子被政府征地以后小了很多。以前每一家有1亩多宽，现在的话8分地的都有，只有6分地的都有。（注：1分地约等于66.7平方米）”（A13，男，60多岁，傣族，赋闲在家，曼景法）征地后，整个村寨物理空间都缩小了，而分属于各村民家的物理空间也缩小了，原属于村寨的空间很多已变为公共空间或道路网道。

（二）第二阶段：传统民族村寨统一规划开发、改造与重塑

根据度假区管委会与州委、州政府政策研究室相关人员对二期开发中曼景法等9个村寨开发与发展的专题研究，形成了曼景法等9个村寨开发与发展研究分报告及其综合报告。旅游开发的目的主要是利用曼弄枫片区悠久的历史文化传统、保存较为完好的村落文化资源。9个村寨融入度假区二期开发的整体定位和方向为：“打造民族文化展示品牌，开发休闲娱乐度假项目，构建区域生态观光环线，抓好名特商品制作经营，参与城镇化市场分工。”规划发展的主要内容有民居建筑、寺塔建筑、庭院布局、家庭生产生活习俗、

宗教信仰活动、民族歌舞表演、节庆活动等，并提出了极力保护、开发和利用曼弄枫片区的田园风光、山水景色、傣家风情，使其满足游客“做一日傣家人、吃一顿傣家饭、住一宿傣家楼”的需求。“我们这里有9个寨子，但没有连在一起。有的隔着几百米，有的隔着一公里。现在全部寨子房子都改了，曼贡、曼纳那边还有两个寨子没有改。都要改的，改成什么每个村都不一样。我们这个是政府规划统一盖的。”（A12，男，36岁，傣族，赋闲在家，曼景法）根据曼景法9个村寨各村不同的资源、区位优势和不利因素，经济社会发展现状，西双版纳旅游度假区二期开发的总体功能规划，以及各村民小组群众对本村的开发与发展的意向，确定的开发重点为：曼景法村民小组，以开发与发展傣族特色民居和餐饮服务业为主。

2003年完成征地以后，根据规划要求和征地补偿款统一集中使用，曼景法村小组以村集体的形式开始大力进行新村改造，主要为傣楼及周边环境的改造。2002年9月，傣族新民居研究列入全省“小城镇新型建筑结构综合技术研究与示范”课题项目之一。城建部门开展傣族民居建筑方案设计竞赛等活动，进一步系统挖掘、提高傣民族建筑设计和建造工艺，推出一批具有竹楼特色的民居建筑设计方案；制定《傣族新民居施工导则》等规程，出版《傣族新民居建筑方案集》，指导傣族村民新民居的建设；组织专业人员举办培训班，培训了1 600名傣族民间建筑工匠，成为傣族新民居建设的推广力量。州、市建设局利用景洪城市扩容机会，指导曼景法村按照“六统一”（即规划、特色、标准、设计、投资、管理统一）的原则，实施整村改造，统一建盖，合计39栋。新傣楼每幢投资22万元，建筑面积308平方米。整个建盖改造工作由昆明理工大学绿色乡土建筑研究所介入，将曼景法村建设为新式傣族民居的示范推广点。曼景法新村的民居仍保留了傣族古代民居的风格——干栏式建筑（见图10）。新民居的外观仍然是仿干栏形式，屋顶采用的是重檐歇山式，底部利用柱子架空。一楼用来堆放物品、饲养牲口，二楼用来生活起居，房屋分层利用，干净整洁。新民居继承了传统民居的防潮、凉爽、避风雨等优点。与传统式样不同的是，新民居的材料、颜色已变成现代形式。新民居是钢筋水泥混合结构，比原来的竹木结构更加坚固、耐用，而且防火。整个村寨的民居都是蓝色瓦片屋顶，白色的墙壁，浅绿色的窗子，远远看去，整齐划一，视觉效果良好。太阳能、空调等现代设备也已经安装，日常生活更加方便。新式傣楼与传统傣式竹楼相比，房间的类型增多了，设置了独立的卧室、客厅、厨房、餐厅、卫生间等功能房间。新民居底层一边设有客房，以作旅游接待之用；另一边架空，可以用来做一些家务、接待亲朋好友，部分取代了过去的前廊和展台的功能。新傣楼的这些变化标志着傣族居民的日常活动场所开始从楼上向楼下扩展。新傣楼的建设，既带有传统的风格，又改善了生活条件，提升了人居环境，为日后傣族传统村寨旅游开发奠定了基础。

图 10　曼景法村第三代傣楼（2015 年拍摄）

西双版纳旅游度假区二期开发建设所支付的征地补偿费集中统一使用，用于村民住房、村寨大门、路网建设、停车场、篮球场修建，灯光球场、凉亭、绿化美化，改善村容村貌。在村寨总体空间缩小的情况下，民居建筑统一设计改造翻新，传统标志物寨心、寺庙、神树、寨门等都保持原位，仅仅做了部分翻修，新增设多处公共设施，为接待游客做好准备。2006 年年底改造完成，整个村寨建筑形态与风貌统一，新增和改造了旅游空间元素，与开发前形成了强烈的对比，也展示了傣族传统村落商业化演变的过程。39 户村民都搬进了新盖的第三代傣楼，开始发展傣乡风情旅游和打造傣家乐品牌。

根据规划，曼景法村改造完成以后，旅游发展的方向以传统傣族民居和特色民族餐饮为主。主要为两个方面：第一，通过集体经济，引进外来投资商，发展第三产业。“政府搞的旅游项目就是我们外面那些（铺面）。他们（村集体）把沿着大路的门面出租给外地人，然后分红给我们（村民）。每年要看收益有多少，我们才分多少。钱么村里面统一管着。”（A11，男，60 多岁，傣族，赋闲在家，曼景法）村集体将村民分散在各自手中的土地统一规划、统一经营、统一收益、统一分配，主要包括：面向道路主干道外修建的商业铺面用以出租（见图 11）；通过土地租赁承包的形式，引进西双版纳景法饮食文化开发有限公司，创办“多歌水”大型歌舞伴餐项目；开发傣家乐，鼓励村民经营，吸引外地游客，带动本村经济发展。

（1）曼景法村集体所有的铺面

“多歌水”大型歌舞伴餐项目于 2009 年 9 月底投入营业，位于曼景法村佛寺旁（见图 12），是西双版纳州具有一定知名度的民族歌舞晚会。“‘多歌水’是我们公家的地嘛，他们（外地人）来租么。他（‘多哥水’的承包人）每年都要来交 10 多万。然后村集体给我们村里（人）分红。”（A11，男，60 多岁，傣族，赋闲在家，曼景法）外来公司以承租地块形式开展旅游项目，接纳了曼景法村 20 多名失地农民就业，村集体每年收取承包费 15 万元分红给村内的村民。游客在“多哥水”演出现场，可以一边享用丰盛的香茅草烤鱼、烤鸡、豪糯索、热带水果等各种傣家美食，一边欣赏傣族、基诺族、布朗族、哈尼族等各具特色的少数民族舞蹈，还可以参与少数民族婚礼庆祝活动，亲身感受少数民族风情。外来企业经营管理，参与其中的曼景法本地村民领取固定的工资，在“多哥水”中的身份就是打工者，主要是参加歌舞表演。

（2）曼景法村集体所有的铺面

图 11　曼景法村集体所有商铺（2015 年拍摄）

图 12　“多哥水”表演场（2015 年拍摄）

曼景法佛寺（见图 13）由于就在表演场旁，也被该公司列入门票项目，除了本村村民以外，进入佛寺都需要买门票。“要认识人，你们不认识人么（要钱的），像我们就可以进去，认识人打电话给佛爷就好。”（A15，男，30 岁，傣族，打工，曼景法）“你们不给钱不能进那个寺庙，现在‘多歌水’由他们家来经营，他们不给你们进去。门票有两种，普通的是 260 元，最低就是 260 元，他们这个是针对游客的。”（A02，男，60 多岁，傣族，前任村主任，曼景法）在保证村民免费礼佛的情况下，村民默许公司对佛寺行使管理权，对游客收取门票。

村落的传统生活空间由分散到集聚，逐步压缩，传统核心村落生活空间内化为旅游商业空间。村民利用改造后的新傣楼进行傣家乐经营，截至 2015 年全村傣家乐年接待能力达到 5 万多人次。仅此一项，村民人均纯收入就达 5 384 元[①]。从 2009 年至今，曼景法村先后曾获得国家级特色景观旅游名村、“兴边富民”民族团结示范村、云南省首批旅游特色村、云南省村镇建设示范单位、州级交通安全示范村、州级文明村等荣誉称号。

图 13 曼景法佛寺（2015 年拍摄）

① 资料来源：西双版纳度假区管委会。

（三）第三阶段：政府退出主导地位，村民自发发展，旅游业逐渐衰落

曼景法村在经历最初几年（2006年之前）的旅游发展辉煌以后，特别是2010年以后，旅游发展的实际情况和规划的目标有了一定的差距。笔者2013年、2014年和2015年连续进入曼景法村调研后发现，无论是旅游旺季还是旅游淡季，游客人数都不是很多，略显冷清。寨内农户40家，197人，按早期建设时的硬件设施配备，每家傣楼下有3~5个标准间，共计170间左右，每间2个床位，平均每天可接待300余人入住。经过近10年的发展，仍然用自家傣楼从事旅游住宿的农户不到5户，进行旅游餐饮服务的仅有6户[①]，而且80%以上已经不是本村人经营，都是外地人来承包经营。“游客现在很少在我们这里住，我们这里住的都是外出打工的。游客吃吃饭、看看演出就出去了。村里的住宿以前还是多的，但是我们这里东一家西一家的，（客栈）不在一起，不是一套的（没有设施），也没有市区热闹，他（游客）不怎么想住。吃饭的我们村里本地人开的也只有两家，其他几家都是外地人来包的。就是我家不想弄，你就可以来包（租）了开餐馆。”（A02，男，60多岁，傣族，前任村主任，曼景法）虽然曼景法村有一定的旅游住宿接待能力，但近几年由于告庄西双景的火热及周边星级酒店、高档酒店增加等因素的影响，选择在曼景法村入住的游客越来越少。早期在傣楼里统一建盖的标准间，也被村民改造后拿来出租给打工者居住。“2005年的时候统一盖好的。我和孩子都住在这个房子里，一起的。我们楼下有三间房，不过现在住的人很少。他们（游客）不来，吃吃饭就走了。嗯，吃了饭么走了。不住，都去玩了，那边（市区）酒店多，都去那边（市区）睡了。”（A10，女，49岁，傣族，赋闲在家，曼景法）

---

① 数据来源：根据实地调研，自己确认的数目。

图 14　本村人经营的岩毛农家园傣味楼（2015 年拍摄）

“就是吃饭的啊。我们村搞的人只有两三家，我们一家，底下还有两家。‘岩毛傣家楼’，在那边底下，本地的。我们开始搞，现在每天都会有 10 桌左右。外面来包的有 4 家。我们本人，本寨子的 2 家。”（A05，女，60 多岁，傣族，傣味人家老板，曼景法）（见图 14、15）村内包括岩毛农家园傣味楼在内，有 2 家村民在自住傣楼旁单独修建了宾馆，都因为游客入住率低，无法经营，选择了整楼转租，用于办公或旅行社整体接待。“我们家的住房生意 2009 年、2010 年那时候还可以。前几年（2010 年、2011 年）开始，他们都不在这边住，导游带过来吃，吃好就走了。有些人换地方玩了，有些人直接上勐海，要

图 15　本村人经营的傣味人家（2015 年拍摄）

不然有些直接上飞机回家了。现在住房不搞了，租给别人家了。租给他们搞铁路（见图 16）。现在还在搞宾馆生意的，也只有过年过节的时候人多，是满的，其他时候都没有人。”（A07，男，36 岁，傣族，岩毛农家园傣味楼老板，曼景法）

曼景法村的旅游餐饮接待较为依赖旅行社的团队游客，自由行游客前往曼景法村用餐的数量较少。“我们家还是本地人（来吃的）更多。现在游客么都是偶尔才来。这个月开始，他们（旅行社）改了，换掉了，他们旅行社开了餐厅，这个月开始就没有来了。只有个别一个团两个团来，他们（旅行社）把游客拉去自己的餐厅了。”（A07，男，36 岁，傣族，岩毛农家园傣味楼老板，曼景法）随着旅游市场的变化，曼景法村仅剩下 6 家旅游餐饮接待。因为没有游客前来消费而闭门歇业的村民，便将家里改造后拿来做出租房。“我们家以前搞了（餐饮），没有人来吃，老板啊他们也不来包、不来租，我们现在拆了改成出租房了。吃饭的么搞得好就搞，搞不好就不搞，我们要靠这个（房子）吃饭的，土地被人家征完了。靠这个（房子）来生活，要生活。”（A06，女，60 多岁，傣族，赋闲在家，曼景法）截至 2015 年，村内傣楼除了仅存的用于接待游客住宿和用餐的以外，全部转换为出租房。

图 16　岩毛农家园傣味楼宾馆（2015 年拍摄）

目前“多哥水”剧场每年的租金是 15 万元，而铺面是根据经营情况来收取租金。分红的原则是按户口上的人数、迁入本村的时间和在村内生活的年限进行金额的划分。“政府搞的旅游项目就是我们外面那些（铺面）。他们（村集体）把沿着大路的门面出租给外地人，然后分红给我们（村民）。每年要看收益有多少，我们才分多少。钱么村里面统一管着，分钱么按户口上的人头来分，来上门的那种（人分的就）更少一些。还要看你进来（曼景法村）是一年还是两年还是多少年。那种的老人（在曼景法生活的）时间长的分得多，一年能分 1 万多点。那些分得少的也就是几千块钱。”（A11，男，60 多岁，傣族，赋闲在家，曼景法）

由于村民失去了部分土地，而统一规划建设用于旅游住宿和餐饮服务的傣楼虽然经历了 3 年左右的巅峰期，但并没有大规模、大范围且稳定发展起来，导致村民的生产方式发生了巨大的改变。村民除了上述改造自家傣楼做出租房以外，就只能外出打工。“我们的地啊，被政府征完了。公家一修路啊，我们的田就都被占了。哎，什么都得买，不像以前有菜地什么的，不好在。田没有，地没有，靠着三间（房）不够吃了，没有吃的了。有些人家挨着停车场有停车位，人家会来包餐厅啊，搞餐厅。我们家什么都没有。他们的门面在大路那里的可以租，我们的没有谁来租，房子都空着。现在就只有出去打工。”（A14，女，32 岁，傣族，打工，曼景法）出租房屋因房屋所处的空间位置差异导致租房收入差别很大。A14 家除了自家住的小院，在村内已没有其他土地，自家的住房也因为不临街、不靠停车场等方便位置，没有人来承包或租住，迫于生计，只有出去打工。

“多哥水”剧场解决了少部分失地村民的就业，这些村民主要是村寨内的年轻人。“现在没有土地了，就打工啊。还有去表演场（上班），就是‘多歌水’表演场是外地人来搞的。190 元一张票，你可以去看看，游客很多的，还可以在那里吃饭。7：40 开始到 9：30（结束）。寨子里面的姑娘去（那里）唱歌跳舞，他们开工资的。”（A08，男，49 岁，傣族，宾馆老板，曼景法）截至 2015 年，在“多哥水”剧场工作的曼景法村村民有 10 人左右。

曼景法村旅游空间的异质性元素也在不断增加，少量新建盖的用于旅游接待的宾馆，已经没有傣楼的身影。曼景法村外地人承租的餐馆广告牌（见图 17），有些已改为汉化设计，如蓝底红字、白底黑字的招牌，且餐饮菜式与傣族的传统特色餐饮已无任何关系。旅游空间中异质性要素增多，会不断破坏传统村寨整体空间塑造的风格和氛围。对于传统民族旅游村寨来说，异质文化在旅游空间的投射，隐喻着异质文化对传统少数民族村落的文化渗透。

从 2005—2015 年 10 年间，曼景法村经历了旅游发展影响下的商业化演化。在经历了传统农业生产向第三产业转化的同时，传统村寨生活空间向旅游商业空间转化，旅游商业空间向非旅游商业空间转化。傣族传统村落空间由旅游空间和少部分异质空间组成，其旅游商业化过程呈现出以下两个特征。

（1）外地人经营的江鱼缘

（2）外地人经营的醉鼎尖椒鸡

图 17　外地人经营的傣家乐（2015 年拍摄）

第一，商业经营从游客为主转向本地，渐趋冷淡。曼景法村商业主要集中在“多哥水”剧场、少量的傣家乐经营户以及极少的零散旅游纪念品摊户。地方政府在前期完成西双版纳度假区征地和统一改造后，仅仅在发展旅游的初始阶段发挥了引导的作用，随即慢慢退出。后期在没有地方政府外力干预和控制的情况下，提供给游客的傣族传统住宿、餐饮等并没有大量发展起来。除仅存的旅游商业化餐伴舞表演和傣家乐，大部分商用房已出租给外地经营户。“多哥水”剧场专门面向游客，其他傣家乐的功能已转型，住宿主要为长租或短租的租客，餐饮也大多为本地居民消费。商业发展趋于理性化，并无大量的新的商业产生。

第二，居民部分外迁且对旅游业发展态度渐不乐观。由于土地出租或转卖能够更快获得经济收入，所以少部分居民外迁，购买景洪市区商品房小区居住。村寨内游客数量大幅减少，旅游经济收入相应减少，且分配不均衡。村寨内原住居民对地方政府单纯通过土地置换吸引外来资本的方式较为抱怨，希望地方政府能够有切实的政策和项目引导与扶持村寨内的旅游业发展。

四、影响傣族传统村落旅游商业化的因素

傣族园、勐景来、曼景法是同属于西双版纳州不同地理位置的三个传统民族村寨，在同一个时间段（2005—2015 年）经历了不同的商业化演化轨迹，继而出现了不同的商业化演化结果（见表 5）。

表 5　三个傣族传统村寨旅游商业化演化对比

	勐景来	傣族园	曼景法
生命周期阶段	发展	巩固	停滞
商业化阶段	初级商业化	均衡商业化	商业化不足
人口置换情况	几乎保持不变	有少量迁入人口	有少量外迁和迁入人口
传统建筑功能转换情况	基本保持不变，增加商业功能	基本保持不变，增加商业功能	部分完全转换为商业功能

续 表

	勐景来	傣族园	曼景法
决策者	资本	资本和原住居民	基层政府和原住居民
资本投资方式	“公司 + 农户”	“公司 + 农户”	单纯租用
地方政府角色	政策支持，促成公司与农户的合作	政策支持	早期介入，后期退出
当地居民商业意识	较弱	一般	一般
居民态度	欢迎	较为欢迎	欢迎
旅游体验	优	良好	一般
现阶段主要问题	旅游接待设施的配套和原住居民的内生能力需提升	公司与原住居民的利益分配矛盾	如何吸引更多游客

处于发展阶段的勐景来景区，传统民族村落通过资本参与，转变为旅游景区。利益相关者主要为景来村原住村民、云南省金孔雀旅游集团有限公司和勐海县政府。采用“公司 + 农户”的经营模式，且公司与农户合作关系较为融洽。实际主要决策者为金孔雀旅游集团有限公司，当地原住村民以多种形式参与村寨旅游发展。地方政府主要发挥促进企业与原住居民合作的作用，并没有对勐景来的旅游发展有过多外力干预。勐景来景区在西双版纳傣族村寨型景区中极受欢迎，游客大多都能体验传统傣族文化。随着游客量的不断增加，投资方云南金孔雀旅游集团有限公司基于旅游发展和游客的需要，不断更新和改善景区的餐饮、住宿娱乐、标识系统、佛寺等旅游设施。由于其经营管理理念始终是在保护传统建筑和文化的主线上延续，所以傣族传统村寨景观与文化保护较为完好，并没有大量异化建筑出现。村寨中原住居民人口稳定，几乎没有外迁，商业意识不强，处于参与旅游发展的初级阶段，主要是配合公司方的引导与扶持，加入旅游公司成为员工，经营傣家乐，参与手工艺展演、售卖和少数民族歌舞表演等旅游商业活动。

处于巩固阶段的傣族园景区，传统村寨景观和形态保持相对完好。作为最早采用“公司 + 农户”模式经营传统民族村寨的典型，早期主要由资本主导傣族传统村寨的旅游商业化，通过旅游规划的实施，建立了泼水广场和曼春满大佛寺两处集中的商业；设计“天天泼水节”和少数民族歌舞表演等商业化表演，开发傣家乐旅游新项目，并引导村寨原住居民积极参与。地方政府并无外力干预景区内旅游商业化过程，仅仅通过政策和行业审批等方面发挥监管作用。现阶段傣族园景区游客量持续增加，但增长率下降，整个景区旅游功能分区明显，且大部分经济活动与旅游业紧密相关。虽然原住居民对旅游业发展仍保持较为欢迎的态度，但随着信息和经济形式的多样化，原住居民的内生能力、商业意识的提高，部分原住居民开始对村寨内的旅游业发展表现出不满和反感。由于景区 5 寨之间获得旅游利益并不均衡，导致 5 寨传统村寨景观和家屋景观的保持有较大差别。曼乍、曼嘎、曼春满、曼将 4 个村寨的村民大多经营傣家乐、售卖旅游商品或在傣族园公司上班，与旅游业紧密相关，家屋景观保持相对较好。而参与旅游业发展最少，傣家乐经营户最少的曼听村，异化建筑最多。傣族园景区内人口状态相对稳定，有少量迁出和迁入人口。傣族园景区作为西双版纳傣族传统村寨的代表，是西双版纳的主要旅游吸引物。未来傣族传统村寨旅游商业化演化，将与公司未来传统文化挖掘和展示的方式，以及公司与村寨村民的矛盾解决的情况密切相关。

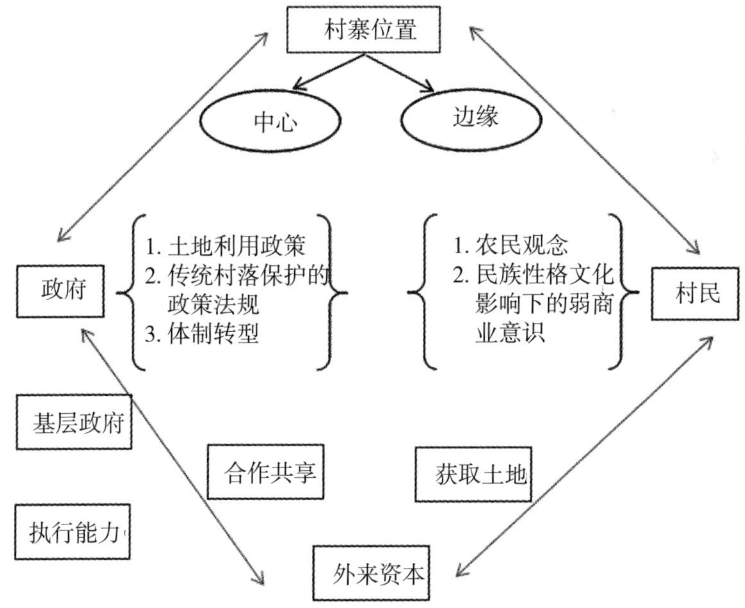

图 18　傣族传统村落旅游商业化各影响因素的互动结构图

处于停滞阶段的曼景法村，在2006年村寨统一改造和发展旅游业的早期，是由地方基层政府发挥主导作用，在地方政府的规划和引导下快速完成村寨和家屋改造，开展傣家乐旅游项目。位于城市中心的傣族传统村寨，初期旅游业的成功发展主要得益于村落基层政府强势、得力的执政能力。随后，地方政府退出村寨旅游业的发展，由原住居民自发参与和发展。2010年以后，旅游业发展几乎处于停滞阶段，主要依靠“多哥水”项目和曼景法佛寺保持少量的游客。曼景法村位于景洪市，获得的经济、政治、社会和信息资源更加多元化，原住居民对旅游业发展的依赖性并不高，无法满足游客多样化需求，导致游客量不足。在这个阶段，游客数量下降，村寨中原有的统一建设的餐饮、住宿等旅游接待设施的功能也发生了转换，以出租或转卖的形式获得经济收益。原住居民由于征地失地的问题，对旅游业持欢迎态度，希望旅游业能真正带动村寨经济发展。目前曼景法村的商铺、傣家乐已不仅仅针对旅游者，主要消费者为村寨内和景洪市的消费群体。村寨内居民将土地出租后，搬入景洪市区，也有部分外来迁入人口从事商业活动。其主要面临的问题是游客多样化的需求，以及景洪市酒店行业结构调整以后，城市中心的傣族传统村寨应该如何调整村寨旅游的发展方向，如何吸引游客，保持基本的游客保有量，解决原住居民的生产生活问题。

在探讨旅游商业化过程中，各种因素对同属于西双版纳州不同地理位置的三个传统民族村寨在同一个时间段（2005—2015年）所经历的商业化历程的影响，具体而言，包括以下几个方面。

（一）村寨所处位置

在经济学上，美国区域规划专家弗里德曼完整提出“中心—边缘”理论模式，并在他的著作《区域发展政策》一书中有详细论述。弗里德曼认为，在若干区域之间会使得个别区域率先发展而形成“中心”区域，其他则因发展滞后成为“边缘”区域，核心地区和边缘地区具有不同的地位和作用。其中，主要强调中心和边缘之间的不平等关系，中心处于统治地位，而边缘区域处于依附地位。在社会学研究中，“中心—边缘”模型主要围绕中心和边缘的资本和利益分配进行研究，中心对边缘主要是发挥指挥和控制的作用，而边缘对中心的作用在于财富和资源的输送，从而导致中心与边缘的利益严重不协调。在旅游研究中，“中心—边缘”依旧是区分发达、工业化与不发达、农业区域之间的关系。

由图 19 可见三个村寨在西双版纳傣族自治州的位置分布，位于景洪市的曼景法村处于相对中心位置，是西双版纳度假区的重点区域，傣族园景区距中心稍微有一定的距离，而勐景来景区则位于整个区域的边缘位置。根据“中心—边缘”理论，中心区域有较高的经济活力、多样化的经济基础，有较多创新、先进的信息流，有更好的基础设施和便民服务，同时也是政治、经济和社会决策的焦点①。而边缘区域则更多依赖传统产业（如农业），经济活力较低，信息流较差，远离社会决策，缺少权力，基础设施和便民服务薄弱，但是拥有较高的观光价值②。

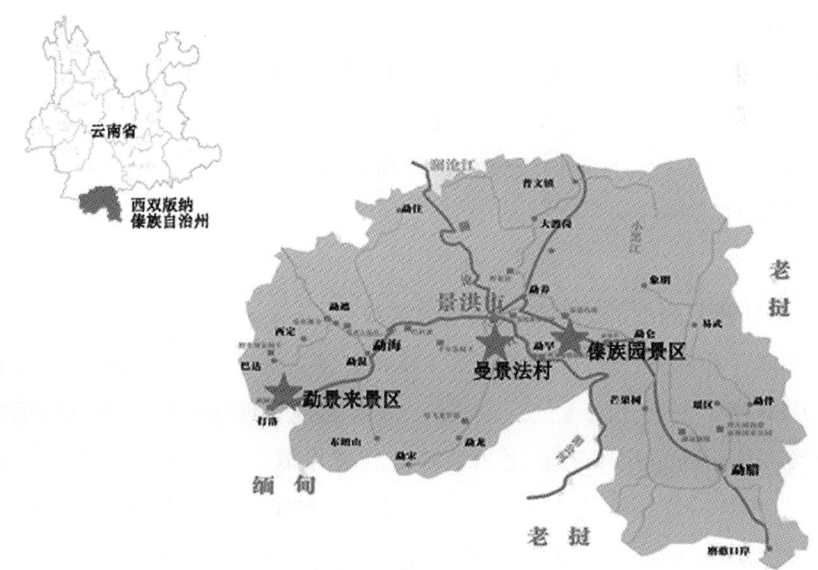

图 19　曼景法村、傣族园景区、勐景来景区区位图

位于国家边境位置的景来村，尽管早在 2003 年就作为景区开始旅游开发和经营，但由于国内边境口岸旅游的衰落，坐落在交通网络末端，远离大城

---

① Botterill D，Owen R E，Emanuel L N，Gale T，Nelson C，Selby M. Perceptions from the periphery：the experience of Wales［A］//Brown F & Hall D，Tourism in peripheral areas：case studies［C］. Clevedon，Buffalo，Toronto，Sydney：Channel View Publications. 2000：7 – 38.

② Hall C M，Boyd S. Nature – based tourism in peripheral areas：development or disaster?［M］. Clevedon，UK，Channel View. 2005：3 – 17.

市，同样资本的投入其区域乘数效应更低，很难与其他类似景区如傣族园景区进行竞争，在2013年以前都处于缓慢发展时期。同样，这样的边缘区位也使得村寨远离中国自上而下的城市化改造浪潮，非常难得地保存了傣族传统村寨的风貌和景观，111户傣家人依然保留着传统的居住方式和生活方式，其中勐景来佛寺（贝叶书院）在整个东南亚都负有盛名。傣族园景区由于离景洪市区半小时左右车程，属于景洪市周边傣族文化保留相对完整的村寨集群，在景区开业（1999年）后就迎来了旅游业的快速发展，并至今一直保持稳定发展状态。

在旅游业推动下，西双版纳城市快速发展。位于景洪市区的曼景法村相对处于中心区位，享有更多的经济、政治、社会资源，高附加值的产品和服务相对较多，经济更具多样性，商业数量和规模更大，发展方向有更多的选择，但同时也增加了很大的不可控性。政府规划傣族传统村寨发展旅游业，但居民却不愿参与旅游发展。而城市中心的傣族传统村寨受到市场逻辑指挥，选择旅游替代市场、推倒传统傣楼、出租或转卖土地，也就有了合理性和可理解性①。

（二）土地利用的剧烈转型与农民观念的改变

2003年西双版纳旅游度假区开始征地之时，还是沿用经过两次（1988年、1998年）修改的《土地管理法》。该《土地管理法》中，地权的模糊性为政府大规模征地用于工业化和基础设施建设取得了合法性。2004年版的《土地管理法》在征地补偿标准方面，对失地农民的补偿是以农用价值为标尺，以这块农地前3年平均产出作为基准，然后乘以倍数作为标准，而不是以土地转为工商业的增值部分作为标尺。规定补偿标准有总额的上限，而没有规定补偿标准的下限。总的来说，就是要尽可能用低价征用农民的土地用于发展。这样的土地政策使得大规模的基础设施建设可以以低成本高速推进，而后使得地方招商引资、发展工业、城市化成为可能。

“土地都被征了，这个有利有弊吧。因为很多人的看法也不同。我觉得如果被政府征了，国家那是大事，国事为先。当然政府来征地，你生活也过

---

① 陈丽坤．城市化进程下民族旅游社区景观商品化研究——以西双版纳近郊傣楼景观为例[J]．旅游学刊，2015，30（11）：51－62.

得更好了啊，但是有一点你也知道政府征地赔偿也不是很高，这要看自己的心态，有的人不服，有些人觉得还不错，但是我家的话就跟着时代走了。”（A23，女，28 岁，傣族，傣族特色餐饮店老板，曼景法）在农民已有的观念中，已经确立了土地国有制，但农民心中的观念与法律的规定又有一定的差异。法律规定土地是集体所有，在村一级层面上主要为村集体所有，可以进行承包，承包者既包括本村人也包括外来者。

州委、州政府及度假区管委会对曼弄枫片区一到四期的长期规划前景看好。退一步看，其中一部分村民虽因农用土地被征用而失去使用权，征用方只给予村民廉价的补偿，但失去土地有可能会有一些新的就业机会。对比以往，村民的生活水平是上升的。在这种情况下，村民大都配合政府的征地拆迁工作。

（三）外来资本占用空间的方式差异

在全球化背景下，现代社会秩序在一定程度上反映了资本逻辑，资本在地方上的运作使得资本与人们的日常生活联系在了一起。资本积累和资本扩张的结果之一就是社会空间重构。传统民族村寨转换为“民族旅游村”的过程，就是一个空间商品化的过程，即村民们的日常生产生活空间转换为可供旅游者消费的商品。

1. 合作共享式

云南金孔雀旅游集团有限公司于 2008 年由云南省旅游投资有限公司并购重组，并于 2009 年 10 月成为国有控股企业。勐景来景区为云南金孔雀旅游集团有限公司全资下属景区。根据 2003 年 3 月 17 日云南金孔雀集团有限公司与勐海县打洛镇景来村签订的承包合同内容，甲、乙双方在平等自愿的基础上形成“公司 + 农户”的旅游经营新模式。

村寨改造是一种权力展示的表现，它彰显了外来资本对勐景来村寨空间的控制权。云南金孔雀旅游集团有限公司与景来村村民小组签订承包合同后，就意味着村民将自己的村落空间交由旅游公司经营与管理。公司一半以上员工为景来村村民，决定权为公司管理层。实际上，对景来村的改造过程，就是外来资本对村落空间掌握控制权和实现商业化的过程。公司对传统民族村寨作为旅游景区进行开发的理念和发展规划成了村寨旅游空间发展方向的决定因素。“我们所做的不是把高级酒店和餐饮、酒吧引进来，把旅游房地产开发起来，而是顺应当地的生产生活方式，并凸显这样的传统，展现傣族文化的发展脉络。”（刘海建，勐景来旅游投资控股方负责人）就本案例来看，公司在勐景来坚持着一个原则，就是尊重文化、认识文化，保持原有文化的严肃性。

勐景来景区前期的改造只是拆除极少数的异化建筑，美化环境，修建民族文化陈列展示中心等。在勐景来景区旅游商业化的过程中，对于村寨村民而言，他们的生产生活空间逐渐被转换为旅游商业空间，但居民并未被排斥在旅游业发展之外，而是融合在一起。访谈中，现阶段几乎所有的原住居民对游客与其分享村落空间甚至家空间都表示欢迎，空间使用冲突甚少。

公司对涉及村寨旅游开发的相关事项，会以村民小组为对接单位进行意见、想法等交流沟通。无论最后是否采纳村民意见，至少这种态度和行为过程，让村民感觉自己仍然对村寨发展保有一定的发言权。根据公司的发展计划，仍然提倡原住居民进行如酿酒、制陶、织布等手工艺制作，帮助村民适度参与村寨旅游发展，如经营傣家乐。所以，村民在自己可控的房屋空间上，通过不断参与旅游发展获取经济利益，从而减少了旅游商业化过程中的社会冲突。

当“企业+农户”型民族村寨景区发展到一定阶段，会出现精英村民或有大部分村民“觉醒”。在合作企业看来，村民不会满足景区门票分红，不会满足其能在旅游业中所获取的利益；在村民看来，游客来村寨旅游是为了看他们的房子、他们的生活、他们的文化，但他们获得的经济收益却不多。于是，村民会对空间的收益权产生怀疑，谁才是空间真正的所有者？“公司+农户”模式在傣族传统村寨旅游商业化进程中最易出现的问题就是利益分配不均。所以，运用该模式的景区，应对原住居民的空间收益权予以重视。

2. 以获取土地为目的

西双版纳州国土资源局发布的《关于西双版纳州第二次全国土地调查主要数据成果公报》显示，从2007年7月1日到2009年底，全州耕地206.5万亩，比1996年第一次普查减少105.3万亩。2007年嘎洒镇被省政府列为全省60个旅游小镇中的29个开发建设旅游小镇之一，总体规划面积80平方公里，共开发项目20个，总投资645亿元。2009年以来，西双版纳州房地产开发投资增长较快，2010年1—9月完成房地产开发投资16.6亿元，相比2009年同期增长33%。2012年受楼市调控等因素影响，万达、保利、华侨城等 10 多家地产业巨头云集西双版纳，几百亩、几千亩甚至上万亩的超级大盘横空出世，这些旅游大盘均以旅游、休闲、度假等名义面市。据西双版纳州统计局最新数据显示，2012 年 1—9 月，纳入房地产开发投资统计的在建项目达 76 个，同比增加 20 个，增幅达 35. 7% 。在曼弄枫片区，世纪金源集团投资 50 亿元，开发 4 000 亩滨江果园避寒山庄项目。号称“中国西南第一文旅大盘”的万达西双版纳国际度假区位于景洪市西北部的嘎栋片区，占地 6 平方公里，总投资 150 亿元。截至 2013 年底，仅西双版纳州统计局的公报，西双版纳旅游大项目投资就已超过 70 亿元（见图 20）。

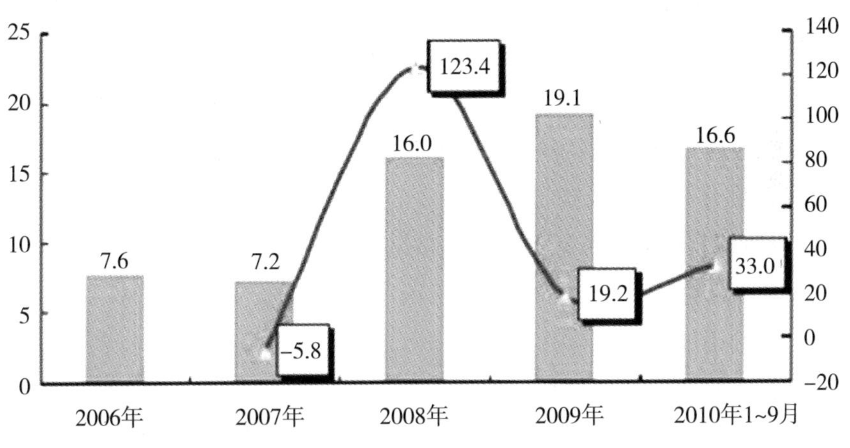

图 20　2006—2010 年西双版纳房地产开发投资增长情况

资料来源：根据西双版纳州统计局数据整理。

到 2015 年，景洪市房地产投资完成 561 996 万元，同比下降 24. 3% ，增速比全省多回落 18. 1 个百分点；购置土地面积 13. 84 万平方米，同比下降 85. 5% ；房屋施工面积 596. 47 万平方米，同比增长 15. 7% ，其中新开工面积 94. 79 万平方米，同比下降 12. 9% ；商品房销售面积 86. 22 万平方米，同比下降 30. 7% ；商品房销售额 409 328 万元，同比下降 33. 2% ；商品房住房销售 6 883 套，同比下降 37. 2% ；待售面积 33. 15 万平方米，同比增长

38.6%①。截至2018年1—9月，西双版纳州房地产开发投资84.7亿元，同比增长75.1%，较二季度环比增长15.4个百分点。其中，住宅投资61.9亿元，同比增长97.5%；商品房销售面积147万平方米，同比增长43.8%，较二季度环比增长2.5个百分点。其中，住宅销售面积为124万平方米，同比增长46.3%②。

在2012年前后，西双版纳州意向性签约的旅游地产项目有1 800亿元。但根据西双版纳州招商合作局给出的数据，到2014年底能够真正落实的旅游地产项目仅有500亿~600亿元。用地指标紧缺已成旅游大盘落地的瓶颈，即便是旅游地产项目最为集中的景洪市，开发节奏也开始趋缓。外来企业集团一般都较为强势，向地方政府提出了一些项目开发要求，特别是要加快工期，很容易导致拆迁冲突等问题。2014年初，督查部门又将西双版纳州作为云南省土地资源督查重点。西双版纳州招商合作局表示：“对于旅游地产开发，政府已经不再那么鼓励进入了。目前关键是要把现在落户的项目巩固好。”西双版纳州招商合作局招商科也指出：“那些项目（旅游地产）也没有政策优惠了，已经受到了很多限制。目前版纳州所有项目都存在用地指标问题，省上给的用地指标只有几千亩，像万达项目占地好几平方公里，版纳州一年的用地指标连一个项目都不够用。每年用地指标也不一样，今年我们州的用地指标好像才几百亩。土地指标一直是招商项目的一个瓶颈。”③

曼景法村的外来旅游企业并未实际参与傣族传统村寨旅游开发过程，仅仅只是地方政府征地，再将土地转移给外来企业。在这个转换过程中，村民失去部分土地，原有生活空间缩小，获得的仅仅是一笔不太多的失地补偿款。旅游企业则利用土地开发大型酒店或旅游地产项目，如曼弄枫片区的大型旅游地产项目、西双版纳嘉盛华美达广场酒店、天一王国大型旅游度假区项目、大佛寺周边旅游地产项目等。

外来企业对空间进行旅游化处理，仅仅是将傣族的民族文化作为符号在空间里进行景观刻画和消费，新打造的旅游商业空间与原住居民的关联就此

---

① http：//xxgk. yn. gov. cn/Z_ M_ 012/Info_ Detail. aspx？DocumentKeyID = D1FF1E63609C4733A9A9B9746955F517 西双版纳州统计局，2015年景洪市经济运行分析。

② 资料来源：西双版纳州统计局。

③ 资料来源：西双版纳旅游地产调查，http：//money. 163. com/14/0527/00/9T7A7RRD00253B0H. html。

被割裂。旅游商业空间作为一种商品，必须接受商品生产和消费的逻辑。这些原属于村民生产生活的空间，被外来企业通过货币交换，打造成一系列大型的包含民族剧场、商业购物中心、步行街、高档酒店等旅游消费空间。西双版纳度假区管委会官网表述："'天一王国'项目能承担起促进西双版纳州旅游市场持续繁荣和推进农村第三产业发展，早日建成西双版纳旅游度假区标志性的民族文化旅游主题项目的重要职责。"

地方政府和企业都未实际参与曼景法村的旅游商业化过程，地方政府没有预见性的制度安排，也没有实际的资本驱动，仅靠原住居民自发参与，很难实现村寨旅游业持续、稳定的发展。

（四）政府体制转型与政策导向

在计划经济时期，城市不是资本积累的实体，而是国有企业的集群，土地的无偿划拨使得城市空间只有使用价值，城市空间的改造并不是列斐伏尔意义上的空间生产；从生产导向的城市计划经济向服务消费导向的全球市场经济转变的生产方式，需要生产出不同于以往的新空间，故此产业空间、居住空间和消费空间都发生了空间位置与形态上的巨大变化。城市空间的变迁背后不仅是资本累积的逻辑，还体现了政治控制与意识形态的逻辑。

改革开放以后，尤其是20世纪90年代的土地制度改革以后，城市空间被纳入资本扩大再生产体系。政府作为国有土地的管理人掌握着土地管制权，土地成为政府主持城市开发、参与区域竞争以及官员获得晋升的最大资本，如此背景下的城市大开发承载着极其丰富的政治经济内涵。位于景洪市区的曼景法村在地方政府以旅游业发展为目标的主导下完成征地和改造，并在政府的引导和扶持下开始发展旅游业，可见政府角色在傣族传统村寨旅游商业化初期具有决定性的作用。

首先，从地方政府的绩效追求方向和目标说起。西双版纳旅游度假区是1993年9月经云南省人民政府批准成立的首批6个省级旅游度假区之一。其从成立之初就开始推进争创国家级旅游度假区的工作，经过22年的努力，在2015年成为全国首批国家级旅游度假区。

> 全区完成基础设施投资8.5亿元，建成城市干道20余公里，辖区内给排水、电力、电信和绿化等配套设施日趋完善，居住建筑、

办公商用建筑以及文化娱乐场所相应俱全，度假区已成为辖区群众和外来投资者安居兴业的一块宝地。全区已建成宾馆酒店共计106家，建成勐泐大佛寺、西双版纳州民族博物馆2个旅游景点，有旅游部门评定的星级旅游购物场所6个。全区年接待游客近150万人，尤其是2013年投入运营的由国际品牌酒店集团管理的“避寒皇冠假日度假酒店”和华美达集团管理的“嘉盛华美达广场酒店”2家高星级酒店，具有会展、星级酒店、多国风情公寓等综合体功能的“景兰国际会展中心”的建成投入使用，有效提升了西双版纳州的城市建设和旅游产业发展水平。一个集旅游观光、休闲度假、商务会展等为一体，文化品位高、配套设施完善、人居环境好的旅游度假区正迅速发展起来。

随着中国500强企业保利、广晟、中弘、首创以及上影集团等战略投资者的相继入驻，云南省十大历史文化旅游项目之一的西双版纳南传佛教历史文化旅游项目、颐保养生、首创国际健康城的开工建设，西双版纳曼飞龙国际养生度假区、佛文化产业集聚区、低海拔体育训练中心、天一王国、世纪康城、上影广场、翡翠文化广场、水上世界、公主岭旅游文化项目、路南山国际雨林度假区等一大批高端、精品项目的入驻建设，西双版纳旅游度假区将迎来以旅游业为主体的第三产业的高速发展期。（西双版纳旅游度假区获评为首批国家级旅游度假区，西双版纳州勐腊县政府信息公开门户网站，2015年10月13日）

从上述地方政府门户网站信息中可以看出，不断推进西双版纳旅游度假区旅游业的高速发展及申报国家级旅游度假区，一直是地方政府的主要工作。而曼景法村作为第一批5个特色旅游村寨之一，也获得了地方政府的高度重视，为曼景法村在改造完成的最初几年里村寨旅游业的发展争取到了很大的政治资本。

昔日“雷响田”　如今“旅游村”

——记曼景法村小组新变迁

近年来，州委、州政府高度重视村级集体经济发展，围绕“强

> 村富民”的目标，相继出台了一系列政策措施，探索出的资源利用型、土地整理型等村级集体经济发展成为我州新农村建设的又一大亮点。
>
> 在景洪城市扩容和西双版纳旅游度假区二期开发的进程中，曼景法村很多土地被征用。为使村民今后获得可持续发展，该村凭借临近景洪城市、优美田园风光、多彩民族风情等优势，依托兴旺繁荣的西双版纳旅游业，积极引导村民闯荡旅游大市场。全村家家户户开辟“傣家乐”旅游。通过办“傣家乐”的方式，融入旅游发展与建设社会主义新农村，实现农村经济发展和农民共同致富奔小康。
>
> 据悉，该村凭借连接景洪城、民族风情浓郁的优势，积极引导村民闯荡旅游大市场，家家户户开展“傣家乐”旅游服务，推出“吃住在傣家、游玩在傣家、体验傣家生活”的“傣家乐”旅游，深受游客的青睐，很多中外游客真切体验和感受到了原汁原味的傣家风情。目前，全村“傣家乐”年接待能力达到5万多人次，仅此一项，农民人均纯收入可达近6 000元。该村还加快第三产业建设步伐，于2009年9月底正式营业的第三产业“多歌水”歌舞项目已成为全州又一个档次高、特色浓、深受中外游客欢迎的民族歌舞晚会。该项目共接纳失地农民就业20多人，村集体每年收取承包费15万元。
>
> 如今，曼景法村小组于2007年获得云南省村镇建设示范单位称号；2009年入选全国特色景观旅游名村；2010年被评为云南省首批旅游特色村；2010年被评为州级文明村；目前已被列入全国特色景观旅游镇（村）。（云南旅游政务网，2012年11月13日，新闻节选）

上述来源于互联网关于曼景法村的描述可以看出，曼景法村依靠西双版纳旅游度假区“二次创业”的机会，发展成为特色旅游村寨，获得全国特色景观旅游村等多项称号。正是由于地方政府对于西双版纳旅游度假区发展的大力推动，在岗的地方领导对城市发展绩效的追求，包含在西双版纳旅游度假区内的傣族传统民族村寨才获得如此丰富和快速的发展机遇，促使传统民族村寨的空间演变和快速商业化。

曼弄枫片区曼景法村征地改造完成后，西双版纳旅游度假区管委会将更多的精力放在对整个旅游度假区“旅游大项目”的引进、落地实施等工作上，仅余留一部分集体用地给村集体以促进第三产业发展。“现在进的旅游项目就是旅游地产啊、酒店啊，没有别的了。还有一个大佛寺。我觉得如果要开发的话，最起码是能带动周边的。以旅游项目来开发，如果真正要把几个村保护起来，那么就好好以这几个村来做旅游项目。”（D02，男，48 岁，傣族，西双版纳度假区旅游局工作人员，曼弄枫）“实际上管委会引进来的很多项目，大部分是以地产为主，所以真正能带动我们寨子发展的产业没有几个。实际上没有几个村寨发展旅游。但是在旅游项目带动这一块，政府规划这一块，也是牵扯到一些问题。假如政府规划道路，就要把老村给拆了一部分。拆了这些老村的话，就是给钱征地，但也没有旅游项目带动村寨发展。”（D03，女，25 岁，傣族，村委会工作人员，曼弄枫）曼景法村在经历了 2008—2010 年特色村寨旅游的快速发展之后，迅速进入衰落阶段。曼景法村在旅游城市化进程中，土地大量被置换，村民失地，政府引进的旅游项目对当地村民发展的实际带动力十分有限。“2003 年开始对各村寨的房屋建设改造。在建设改造这一块，当时西双版纳旅游度假区带着旅游两个字，考虑的是以旅游这一方面来进行发展。但是，实际上现在操作下来的话，真正以旅游项目来发展的村子很少。”（D01，男，38 岁，傣族，村委会干部，曼弄枫）“我们要靠这个（房子）吃饭的。土地被人家征完了，得靠这个（房子）来生活。有的出去打工，年纪大的出去打工的也有。”（A06，女，60 多岁，傣族，赋闲在家，曼景法）

曼景法村前期在发展旅游村的政策导向下，村寨旅游业获得了一定的发展，但村寨改造完成以后，地方政府逐渐退出对曼景法村旅游商业发展的引导、监督和干预。地方政府没有实质性的措施关注失地村民的生存方式、实际生活水平、如何再就业、就业技能水平的培训和旅游业参与程度等。“像曼弄枫国际家具城，说是带动我们发展，但村里面（的人）基本就没有在里面做生意的。除非去打工，其他的没有。”（D03，女，25 岁，傣族，村委会工作人员，曼弄枫）“没有土地了，怎么办呢？只有出去打工啊，再出租三间房。外面那些门面是可以分到一点钱，但是不多。”（A11，男，60 多岁，傣族，赋闲在家，曼景法）发展的后期，村民完全以自发参与的形式参与旅游业的发展。由于旅游吸引物、旅游者需求的多样化，其他同类傣族村寨型旅游产品带来的竞争等原因，游客人数逐渐减少，旅游业难以发展。原住村民只能依赖仅有的集体土地和房屋空间，不断改造，用于出租或转卖等获取现金，最终导致民族传统村落空间异化。

（五）基层政府的执行能力

曼景法村完成征地以后，在2005年前后进行村寨改造。采取的是在村委会统一领导下，将村民的征地补偿费统一使用，以村寨为载体整体组合，统一建盖村民新房、路网建设和村貌绿化。

曼景法作为西双版纳州首批重点建设的新农村示范点，在西双版纳旅游度假区二期开发中具有极大的示范作用，从州委、州政府到西双版纳旅游度假区管委会都寄予厚望。村寨改造的前期工作经过多方调研，形成了曼弄枫片区下辖9个村寨的改造发展规划。“那时候我们村干部都是一遍遍地给村民讲，先跟党员讲，把州里面的那些规划图纸给他们（村民）看，告诉他们（村民）没有土地了，我们搞旅游，怎么苦钱。因为征地补的钱都是我们每个人的钱，要征求大家的意见，前前后后搞了5次村民代表大会讨论和投票。当然，州里面和（旅游度假区）管委会都很支持，希望搞成典型。”（A02，男，60多岁，傣族，前任村主任，曼景法）曼景法村当时的村委会成员积极参与其中，曾经先后到泰国、老挝和国内的丽江、楚雄、大理、昆明西山区团结乡等地实地考察乡村旅游发展，在结合国内外乡村旅游经验和曼景法村实际情况的基础上，提出将全体村民的征地补偿款由村集体统一使用，开发民族旅游村，经营傣家乐。

曼景法：一个美丽傣寨的诞生

以前，曼景法和景洪市周边的其他傣寨没什么区别。在景洪市城市扩容的征地过程中，曼景法村将征地补偿费集中捆绑使用，所谓“集中力量办大事”，村民建房、路网建设和绿化美化由此得到了一次性统一规划、建设。

在新村建设中，老百姓最关心的莫过于建房了。该建怎样的房子？原始的傣家竹楼是竹木结构，房顶铺茅草，因为茅草漏雨，后来房顶改为铺黑瓦或石棉瓦。近年来，人们生活水平提高了，有的人家就盖起了钢筋混凝土的小楼，不但丧失了傣族民居的特点，也破坏了整个傣寨的建筑风格。

在西双版纳傣族自治州建设局的指导下，曼景法村请昆明理工大学帮助设计了傣式新民居的方案。方案共有6套，而房顶的设计则多达30种。村民们民主投票，在6套方案中选出了一种，同时选择了清澈明亮的天蓝色作为屋顶的颜色。（中国民族报，2009年4月21日，节选）

从上述村干部的访谈和当时报刊的典型报道可以看出，曼景法村作为示范典型村寨，在地方政府的指导下，村一级的基础领导干部是如何开展具体工作的。基层政府作为国家在基层社会的法定代理人，代表着国家行使统治或管控基层社会的职能，即基层政府拥有强大的治理权力和权威，享有对辖域内的社会成员制定规则、发布命令以及吸取资源等权力，能够迫使基层社会成员与基层政府之间“形成一种强制性的依附关系结构，实现社会控制与社会稳定的功能”[①]。“那时候国家说办什么事情，就听国家的安排。跟着时代走嘛。”（A08，男，49岁，傣族，宾馆老板，曼景法）在我国现阶段，基层政府的统治力表现在基层社会的各个层面，并且以其绝对的权威配置着辖域内的社会资源，统治着基层社会的政治、经济、文化生活的全部内容。

在那个时期（2003年前后），处于国家西南边缘的西双版纳传统民族村落的村民还没有受到过多的信息冲击，工业化文明的影响较小。曼景法村民族结构较为单一，全村共37户，197人，其中汉族6人，哈尼族1人，其他村民全都为傣族。受教育水平较低，50岁以上的老人基本没有上过学，且听不懂汉语；30~50岁的中年人中有18人上过小学及初中，能用汉语进行交流；30岁以下的年轻人有少数上过中专及职业技术学校[②]。“政府把地拿走了（征地），给的钱只能盖这样的，村里统一盖的。我去问多少钱，说是四万五，但是四万五呢，盖房子盖完了吗？他们说盖房子盖完了。钱一分都不见。”（A10，女，49岁，傣族，赋闲在家，曼景法）“我也不知道，公家说要占地，就一起盖了房子，拿了合同和图纸来，讲了几次，就说要一起盖房子搞旅游。”（A16，女，53岁，傣族，赋闲在家，曼景法）

① 周雪光．国家治理逻辑与中国官僚体制：一个韦伯理论视角［J］．开放时代，2013（3）．

② 资料来源：曼景法村小组。

从历史传统来看，中国基层社会是以农业文明为主的共同体，这是一种由“乡”与“土”两种社会元素凝合而成的家园文化共同体。这种共同体拥有自身独特的文化价值体系，为传统社会秩序的维持提供着强大的内在动力。整个村寨居民形成一种同血脉、共命运的“熟人社会”网络，血亲、族亲和姻亲等亲密关系纽带牢牢粘连在一起，尊重和维护“长者权威”，认同乡风乡俗，注重乡情民意。

从权力结构来看，基层政府处于公共权力的末端，但它是国家在基层社会的法定代理人。国家对基层治理目标的实现，有赖于基层政府最大限度地发挥“穿针引线”般的沟通协调功能。在曼景法村，基层政府村集体在面对州委、州政府、西双版纳旅游度假区管委会及村民等多元利益主体时，最终是通过村民代表大会对村寨改造方式和旅游发展模式达成了一致。但基于村民的受教育程度以及乡村传统社会独特的社会秩序，其通过政治动员和强力灌输的方式对最后达成一致意见起到了举足轻重的作用。

这里不得不提的是当时曼景法的村主任岩毛，其作为乡村政治精英人物在村寨重大事件里所发挥的引导和影响力。这里将乡村政治精英定义为“在农村社区生活中发挥着‘领导、管理、决策、整合的功能’”的人[①]。村干部介于国家行政管理系统和农村社区自制系统中间，既是两个系统利益一致的结合点，又是两个系统利益冲突的触发点。他们在某种程度上隶属于国家干部系统，愿意认真完成上级分派下来的任务，但就其长远利益、基本身份而言，他们却属于村民社会，因而从现实看，村干部较多地向民众利益倾斜[②]。在这样的背景与运作程序之下，像岩毛这类基层政治精英所扮演的并不是一个完全被动的角色，他们可以发挥自己的主观能动性去改变原有的政治空间，为自己或社区争得更多的可供选择的政治资源。

2005 年，村主任岩毛带头试点经营，仅在当年泼水节和五一节期间，楼下的 3 间标间就为他带来了 3 000 多元收入。2006 年，在岩毛的示范带动下，全村群众家家户户开辟傣家乐，仅在当年泼水节期间就接待游客 330 人次，实现旅游收入 19. 8 万元。2009 年全村实现旅游收入 30. 37 万元[③]。

---

① 杨善华. 家族政治与农村基层政治精英的选拔、角色定位和精英更替——一个分析框架[J]. 社会学研究，2000（3）：101 –108.

② 王思斌. 村干部的边际地位与行为分析［J］. 社会学研究，1991（4）：46 –51.

③ 资料来源：根据曼弄枫村委会曼景法村资料整理。

农村基层政治精英是农村发展的重要力量，是村民和农村利益的代言人。他们在村寨中有声望、权利和政治动员的资源，有更多的信息渠道，也能清晰地表达村民的利益，并熟悉政治体系的运作程序。在曼景法村，岩毛就是典型。他通过到外面学习，吸收新的经验，不断地传递给村寨群众。在发展的重要转型期，他勇于带头探索村寨与旅游结合发展的傣家乐模式，并以示范作用去影响其他村民，使得2005—2010年曼景法村傣家乐发展初期取得经济大发展和示范荣誉称号。

> “刚刚过去的春节大假，游客实在太多了。白天，我家老小6个人一起做饭做菜都忙不过来，有时还要请亲戚来帮忙；晚上，客房都住满了，有时候还要在底楼临时加床。”村民岩毛谈起自己的“傣家乐”，脸上挂满笑容。当了解到岩毛一家去年挣了20万元时，贺国强说：“看到你们的日子过得很好，我们很高兴。希望你们积极发展‘农家乐’旅游业，继续增加收入，不断改善生活。”（云南网，2011年3月3日，新闻节选）

至今，岩毛的名字仍不时出现在报道曼景法发展的报纸杂志上，内容大多都是做经验汇报，获得各种奖励、称号，或者接待上级领导。可见，他作为基层政治精英对曼景法村改造和旅游业发展起到了关键作用。

（六）传统村落资源保护缺位，缺乏政策法规的约束

国际古迹遗址理事会第12届大会通过的《乡土建筑遗产宪章》认为，乡土建筑是社区自己建造房屋的一种传统的和自然的方式，是一个社会文化的基本表现，是社会与他所处的地区的关系的基本表现，同时也是世界文化多样性的表现。乡土建筑指的是现实生活中沿用着的建筑（这些老建筑极具风俗性、地域性和历史特征）及其外部环境。中国各地的居住建筑，又称民居。民居是最基本的建筑类型，出现最早、分布最广、数量最多。由于中国各地区的自然环境和人文情况不同，各地民居也显现出多样化的面貌。民居可能是普通的乡土建筑，也可能是具有较高保护价值的文物建筑，如堂屋和土楼、少数民族居住建筑、北方窑洞和古城民居等。乡土建筑是不可再生的城乡遗产资源，然而这些资源非常脆弱，在我国不能得到如“文物建筑”“历史名城”待遇的保护，极易被淹没在城市化和旧城改造的“现代化”热

潮之中。

傣家竹楼是傣族传统干栏式建筑，是典型的少数民族居住建筑。傣族园景区1999年开业接待游客，勐景来景区2004年开业接待游客，曼景法村2006年前后完成改造，开始接待游客。在已有可查阅的法律法规显示中，2008年以前针对西双版纳傣族干栏式建筑和傣族传统村落保护的相关法律法规是缺失的，仅仅依据《中华人民共和国城乡规划法》《云南省民族民间传统文化保护条例》，没有可以实际依循和操作的细则。对口管理的部门也较为多元，包括州住建局、州农业局、州民宗局、州旅游局和州财政局等。

> 从房屋改造来说，当时是保持我们傣族第三代的傣族民居——干栏式建筑。但真正保留下来的有几个村？因为农民他是从个人的利益来考虑，没有考虑到集体的利益。个人利益的话，他见到旁边外来人口一多，而干栏式建筑只能自己家里人住，没有收益，所以就改变思想、改变观念，就跟村干部反着，跟村干部思想不一样，自己做自己的。有资金的，每家盖4层、5层的楼，以房屋出租的形式收租金，每间一个月300块钱，大概每家一年的收入有3万~5万块钱。比较听话一点的，能够跟着村干部走的几个村，还是以旅游方面的集体产业带动农村发展，所以做了几个村集体的第三产业。像刚才说的老村寨这种建筑已经没有了，（旅游）一进去就已经被改造完了，这个是非常恼火的事情。几年前我们就反映过这个事情了，但就是被破坏，没有好好保护，这个形式越来越严重了。（D01，男，38岁，傣族，村委会干部，曼弄枫）

在西双版纳旅游“二次创业”的背景下，很多传统民族村落都是以“旅游开发”的名义进行传统村寨改造，但实际上却破坏了部分传统村寨的风貌和文化，最终旅游业也无法发展起来。以西双版纳旅游度假区管委会为代表的政府部门，在旅游“二次创业”的转型压力下，一到四期的发展规划主要在于开发、引进大项目，对传统村寨保护相对关注较少。由于没有相关法律法规可依循，也没有专门的管理部门进行专项管理，在1998—2008年进行的村寨改造完全由当时的州委、州政府、旅游度假区管委会和村一级基层组织把握改造方向。对于村民房屋的随意改造，也没有相关法律法规约束。村落改造中极大的随意性和不可控性也是传统村落空间异化的重要原因。

> 现在没有文化。作为傣族的话，以前它有自己的文化。这一片有九个自然村，村村相连。这里以前是王宫的一个群带，比如说这个寨子给他煮饭，那个寨子给他种水稻，那个寨子给他养牲口、养马啊，那个寨子给他种花啊（每个寨子都有自己相应的一个“功能”作用）。它是一个群带，是一个文化产业，现在已经没有了。刚刚说的保护古村寨，现在保护起来的也只有两个，但是保护力度不是很理想。有了传统建筑保护条例，但是呢，实际操作起来，太难判断了，操作不了，对村民、对企业都起不到限制作用。而且两个村寨太少了。（D02，男，48 岁，傣族，西双版纳度假区旅游局工作人员，曼弄枫）
>
> 现在我们申请老村保护的有三个村：曼景法、曼火蚌，还有我们村（曼弄枫）。就目前来说的话，景洪市周边还保存着这样第二代木楼结构的傣家村落已经没有了。如果再不保护的话，以后再也没有旅游带动这一块的东西了。但是，在带动这一块，政府规划这一块也牵扯到一些问题。假如政府规划道路，就要把老村给拆了一部分。拆了这些老村的话，对以后老村的保护还是有很大的影响。你想一想，假如说现在占到我们村 20 多家的村民用地，管委会按照每平方米 1 200 元进行补偿，他们拿到这些钱后就不会听村上的规划了，他们就拿着这些钱盖四楼、五楼。一盖起来，老村（村民）的一见到这些（新盖的四五层小楼），肯定全部跟着他们做，这还是会有影响的。建房的话，政策上有限制，而且 2008 年有了版纳的传统建筑保护条例，但是执行力度不够。我们村委会跟他们说，但是他们根本就不会听我们的，认为他们在自己家的土地上盖房子，而且他们用的是他们的钱，不要补助。（D01，男，38 岁，傣族，村委会干部，曼弄枫）

如访谈中的村干部所述，2008 年出台了《云南省西双版纳傣族自治州民族传统建筑保护条例》。但建筑风貌和景观的具体标准，以及新建建筑样式、高度、层数和外装饰并没有具体说明，操作性较低，导致相关政府管理部门如州住建局、州旅游局、州民宗局和基层村委会执行力弱。

由于傣族干栏式建筑仍在快速消亡，直到 2012 年州政协十届四次会议，政协会员还在提议细化《云南省西双版纳傣族自治州民族传统建筑保护条例》，尽快出台保护具体实施细则，建立科学的运作机制，在政策和资金上保护乡土建筑。另外，《云南省西双版纳傣族自治州民族传统建筑保护条例》中对于违反条件的惩处，特别是罚款金额相对较低，对企业和村民的约束力较弱。哪些为挂牌保护村寨？哪些为挂牌保护传统建筑？这些都需要有具体的评价标准去评价和挂牌。

> 实际上老村保护这一块有几家来找我们谈过了，比如像网易负责这一块的副总、北京国旅也跟我们谈过这些问题。后来因为他们不放心政府这方面（对传统村寨）的保护政策，要看农民有没有给他们信心，如果有的话都愿意做。但是这一块的话，如果真正要做下来，是要政府方面强力出台一些政策来加以保护的。但政府现在主要的工作重点是在开发上。保护上很少，很多东西都很难执行。其实我以前认为，你保护好就是很好的开发。他们现在讲，不开发就是最好的开发，保护就是最好的开发。（D03，女，25 岁，傣族，村委会工作人员，曼弄枫）

外来旅游企业想介入传统村寨保护与开发，却迫于既无法得到地方政府对于传统村寨保护的政策支持，也无法从传统村寨的村民处得到保护民族文化的信心，因此很多保护性开发项目止步于此。

2010 年以后，傣族园公司尝试做了一些改进，给予傣族园景区内 5 寨的佛寺保护补偿费。每年支付 5 村寨景点保护费 9.5 万元，其中曼春满佛寺景点补偿费每年 5 万元，曼听佛寺每年 3 万元，曼将佛寺每年 1.5 万元。对新建房屋仍然保持干栏式建筑保护的村民给予补偿费。村民建房木材从缅甸进口，木材每棵 1 600 元左右。傣族园公司对新建房屋村民给予一次性补贴 15 000 元。

2012 年住房城乡建设部、文化部、国家文物局、财政部公布中国传统村落名录中，西双版纳傣族自治州勐海县打洛镇景来村，即本书案例勐景来景区，于 2013 年 8 月 26 日被列入第二批中国传统村落名录。同年，勐景来景区被中国文物保护基金会授予中国傣族文化保护与传承示范基地和中国文化旅游示范基地。这也给以景来村为主的勐景来景区带来中央和省级的大额财政奖补资金，用于保护修缮传统村落的公用事业项目，使得景来村在旅游商业化与村落保护之间达到了一个相对较好的平衡。

（七）傣族民族性格和文化影响下的商业意识较弱

傣族是中国56个民族中人口过百万的民族之一，据2010年11月1日全国第六次人口普查统计表明，全国总人口为1 339 724 852人，傣族为1 261 311人，占总人口的0.094%，在少数民族人口中位居第18位[①]。傣族受到不同意识形态、政治制度、历史背景、地域环境的影响，同源文化呈现出多元性和复合性，深受南传上座部佛教的影响。

傣民族通常被世人称之为“水的民族”，表现出温文尔雅、从容不迫、平和、委婉的特性，还有热情好客、宾至如归等特征。远方的客人倘若到了傣族村寨，寨子里的男女老幼不论认不认识都会主动热情招待。傣族人民还“拜佛修心、陶冶情操”。“奘”（佛寺）是傣族人民心灵的圣殿。每逢佛事活动时，傣族民众就会不约而同地来到“奘”认真听取佛爷讲经传道，忏悔自省；“毫洼”（夏安居）到来时，家里的晚辈都要为父母或老人准备些上“奘”用的贡品，以示请老人为自己和家人祈福平安。傣家人对音乐和舞蹈有着天生的敏感和热爱，每逢传统民族节日和宗教庆典，寨子里的男女老少都会情不自禁地随着象脚鼓和铓锣声翩翩起舞、引吭高歌，尽情地抒发情怀，尽情地享受人生，这是傣家人乐观向上的积极表现。

在傣族园景区、勐景来景区和曼景法村，原住村民的商业经营意识并不强烈。有傣家乐开始利用网络在外界进行宣传和对外合作，但数量极少。虽然很多傣家乐都向游客提供无线网络，但村寨内原住居民使用网络的非常少。对于傣家乐的发展，大部分居民都没有规划和详细统计，很多都抱着有人住就住，有人来吃就做，没人住没人吃也没关系的态度。“这个牛干巴不卖的，我是干了自己吃的，你出多少钱我都不卖，卖了我们就没得吃了。”（B15，女，46岁，傣族，傣家乐老板，傣族园）村民对于游客感兴趣的传统食品等，也没有太大的兴趣售卖，如牛干巴，游客想买，有的也不愿意卖。

---

① 傣族简介，资料来源：百度百科。

下篇　傣族“家”空间的旅游商业化变迁

在西双版纳傣族传统村寨这样的旅游目的地，如傣族园景区、勐景来景区和曼景法村虽然发展旅游业较早，但是并未出现历史城镇常常出现的“空心化”问题，原住居民并未大量迁出，而是仍然在村寨中继续生活。村寨和传统傣族家屋由于旅游业的发展已经转换为景观，可以吃、住、行、游、购、娱，吸引旅游者前来观光、体验。原住居民没有离开，继续在家屋中坚守生活，但旅游者又想进入体验，经过博弈，“商业的家”就产生了。不同于丽江、大理、泸沽湖、周庄、乌镇、同里等地，傣族“商业的家”的主人少有外来经营户，几乎全为村寨内的原住居民。那么，在傣族传统村寨经历旅游商业化的过程中，傣族的家经历了怎样的商业化历程？传统家的物理空间经历了哪些变化和重构？

一、家作为物理空间的感知

傣族古老的民居形式——竹楼，发展至今已有1 400多年的历史，被誉为雨林民族文化的结晶[①]。历史记载，干栏式建筑历来是西南少数民族中使用最普遍的建筑形式。各个朝代对其较为详备的记述有：《北史·蛮獠传》：“獠者……依树积木，以居其上，名曰干栏。干栏大小，随其家口之数。”《蛮书》：“凡人家所居，皆依傍四山，上栋下宇，悉与汉同，雕东西南北不取周正耳。别置仓舍，有栏杆脚高数丈，云避田鼠也，上阁如车盖状，名曰高栏。”《新唐书·南平獠传》：“南平獠……山有毒草、沙虱、蝮蛇。人楼居，梯而上，名曰干栏。”《西南夷风土记》：“所居皆竹楼，人处其上畜产居下，苫盖皆茅茨。”《岭外代答》卷四：“上设茅屋，下豢牛棚。栅上编竹为

---

① 田雪红．傣家民居：快绿怡红隐竹楼［J］．国土资源，2007（4）：46－49.

栈，不施椅桌床榻。惟有牛皮为茵席，寝食于施。考其所以然，盖地多虎狼，不如是则人畜皆不得安。”

在西双版纳州境内，凡翠竹围绕，绿树成荫之处，大多都有傣族村寨。大的傣族寨子集居两三百户人家，小的傣族寨子只有一二十户人家。房子都是单幢，四周有空地，各家自成院落。傣族人民为适应当地炎热潮湿的气候和多蚊虫的自然环境，利用当地丰富的竹木资源做建房的主要材料，除了用茅草覆顶，其余的房屋承重及维护部分大多利用竹子做成。于是，人们形象地把傣族民居称为“竹楼”。传统的傣族竹楼共两层，一楼一底，离地高，凉爽避湿，底室一般不筑墙设壁，四无遮挡，俗称“干栏”。而傣族民居的歇山式屋顶也极具特色，不仅交错组合的屋面大，而且加上坡度陡，利于雨水的及时排散，重檐的设计还可以很好地遮阳防雨。但由于竹料材质本身的生命周期有限，加之当地村民相对比较简单的竹料加工处理技术，传统傣家竹楼的耐久性低于傣家木楼。自 20 世纪 50 年代以来，木楼已经逐渐取代竹楼而成为傣族传统民居的主要类型①。这一时期的傣族民居，只是更换了所用的建筑材料。进入 90 年代后，随着经济、社会以及文化的不断交流和发展，加之现代材料的不断变更与创新，西双版纳地区逐渐采纳内地建屋造房的材料和技术，傣族民居慢慢出现了砖混结构的建筑。

傣族民居一般分为两层（见图 21）。底层大多用作工作空间，通常的层高是 1.8 ~ 2.5 米，上到楼面的楼梯有 9 ~ 11 级。底楼没有围护的墙，只有用竹篱或棚架围出贮藏东西的空间。底层除了贮藏稻米或工具外，也可以用作妇女日常家务的空间，但男性一般情况下不到底层。过去家畜在晚上也被圈到楼下，但有一条惯例，即家畜只能圈在客厅下，不能在卧室下面。傣族地区几乎每个家庭都养牛、猪和鸡，很多家庭还拥有鱼塘。20 世纪 50 年代以后，新的清洁卫生规定鼓励人们将家畜圈从楼下移到院子里。因此，今天几乎所有竹楼下都不再有家畜，只有少数竹楼下有鸡棚。傣族习惯将稻谷贮存在粮仓中，每天做饭时，再将稻谷脱粒为稻米。每天早上当全家还熟睡时，家庭主妇就起床到楼下舂米和做饭，但不影响家里其他人的休息。

① 高芸．中国云南的傣族民居［M］．北京：北京大学出版社，2003：81.

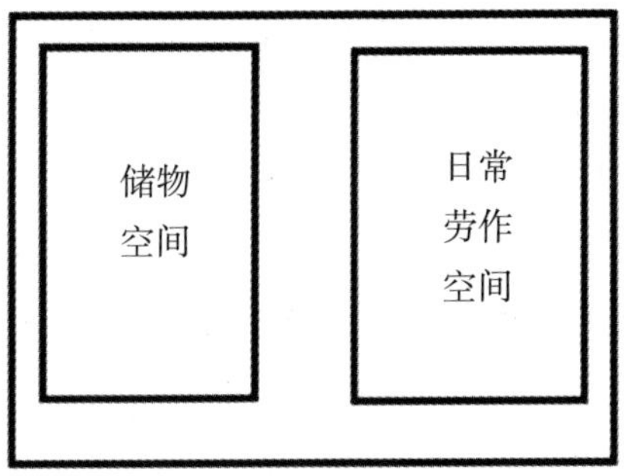

（1）傣族传统民居底层空间平面图

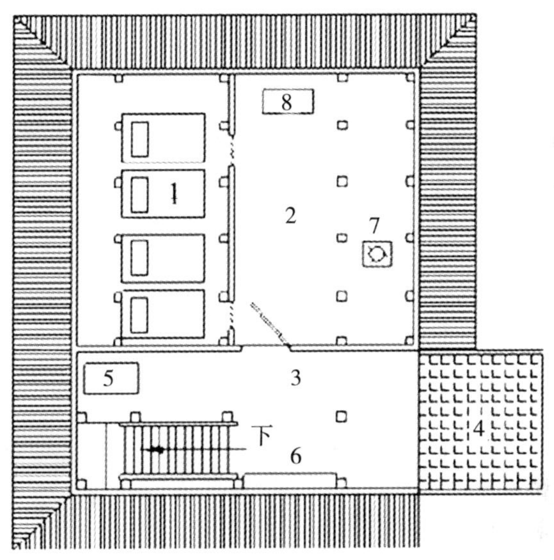

1. 卧室　2. 堂屋　3. 前廊　4. 阳台　5. 储藏　6. 坐椅　7. 火塘　8. 户主坐席

（2）傣族传统民居二层空间平面图

图 21　西双版纳傣族传统民居空间平面图［资料来源：胡海洪、柏文峰（2006）］

二层包含前廊、堂屋、卧室和阳台。从楼梯拾级而上，最先到达前廊。前廊的一边连接阳台，展台的层高略低。客厅在前廊的另一面，层高略高。前廊周围有栏杆，并且外围有一圈偏厦抵挡雨打日晒，在前廊的一边设有板凳。前廊是平时日常活动使用最频繁的空间，特别是在雨天或炎热的时候，前廊既明亮又通风，是织布、闲谈、休息的好地方，妇女在这里纺线织衣，男人们在这里破竹条、编草席。前廊也是邻居来闲谈和晚上年轻人幽会的地方。堂屋是个具备多重功能的空间，可用于做饭、吃饭、接待正式的来访者，或让客人晚上居住。重要活动如婚礼、葬礼和贺新房的仪式都在堂屋进行。火塘位于堂屋的右边，在火塘上有三块石头，放置为三角形，上面放着烹饪的器具。这三块石头分别叫作光明石、宝石和金石。火塘是一家人聚集的中心，一个家庭用一个火塘做饭。在傣族民居内，越靠里的位置越尊贵，传统上只有家里地位最高的人才可以坐在最里边的有垫子的位置上，地位越低，座次越靠外。卧室从私密性和神圣性来说都是竹楼里最重要的空间。这是一个没有窗子的大间，中间没有墙分隔。睡觉的床垫一字排开。方向与屋脊垂直，每个床垫上有蚊帐覆盖。一般情况下，不是家庭成员不能进入卧室。卧室里有看不见的界线将之分为几个部分，界线的位置根据两根主柱决定。最里边的部分是老人的卧室，父母的卧室在中间，接着是结了婚的女儿和女婿的卧室，没有成年的小孩的床在最外面，即最靠近楼梯的一面。家庭成员的社会关系即可以从他们床垫的位置看出来。卧室有两道门通向堂屋，一道门通向父母的卧室，另一道门通向女儿和女婿的卧室。女婿绝对不能从父母的门进出，父母可以进出女儿和女婿的门，但通常他们认为这样做不礼貌。展台是用作早晨和晚上沐浴的地方，平时可存放晾洗过的衣服或者晒干的玉米和辣椒等食物。在炎热天的晚上，家人也会坐在展台上，这时老人一边喝茶，一边将他们在佛寺学的或书上读到的故事讲给妇女和小孩听。

二、从傣族“家”到“商业的家”的空间演化

“商业的家”改变了西方社会对私人空间概念的认识，代表了前工业时代和工业时代对私人空间和公共空间概念更深入的拓展①②。尽管“商业的家”很多时候传达出理想化的田园诗意般生活的印象，但并不代表退回到浪漫的前工业化时代。“商业的家”除了主人的私人空间以外，还给游客提供了暂时的私人空间，同时还提供了外部公共空间作为集体交往空间。

---

① Lawrence R J. Public collective and private space: a study of urban housing in Switzerland [A] //S. Kent. Domestic Architecture and The Use of Space [C]. New York: Cambridge University Press, 1990.

② Grayson K. Commercial activity at home: managing the private servicescape [A] //J. F. Sherry Jr. Servicescapes: The Concept of Place in Contemporary Markets, Lincolnwood [C]. IL: Nike Town Chicago Business Books, 1998.

研究发现，居住空间的私密性最强，主人对其保护性最高；饮食空间有所折中，主人对其控制性较强；娱乐空间则具有最大的开放性，会依据主客互动来进行调整和妥协。所以，本研究依据“家”各内部空间的私密程度和对家庭的重要程度构建居住空间、饮食空间和娱乐空间三个维度，以对“商业的家”空间进行分析（见图22）。

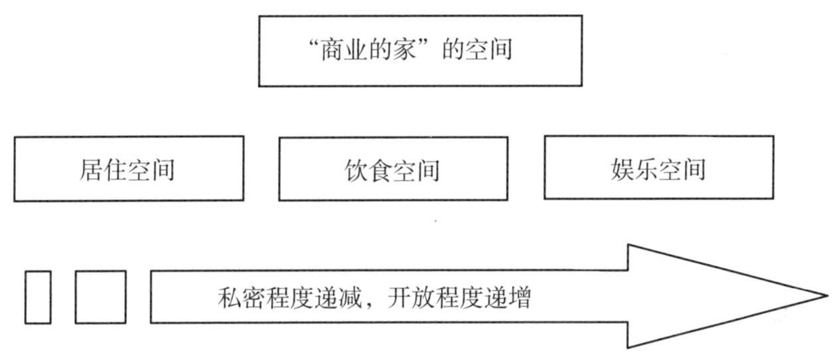

图22 “商业的家”的空间分析维度

（一）居住空间

居住空间包含了栖身的房屋和房屋周边的自然人文环境以及生活方式的选择。在城市和农村社区中，居住空间的差异和不平等是学者关注的焦点。

1. 房 屋

房屋包括傣楼内主人的私人空间、主人给游客提供的暂时私人空间、主客共用的公共空间。

基于本书对三个案例地的调研，傣家乐经营者将自家傣楼的一楼改造或在傣楼旁重新扩建连通的房屋接待游客的数量较多。曼景法村整体改造时，村民接受的统一改建方案就是将第三代傣楼的一楼部分空间直接改建为接待游客的客房。“你看那间小卖部，他们自己都是住楼上，把一楼、二楼出租给别人住或做生意。”（A22，男，50，傣族，赋闲在家，曼景法）传统傣楼的第一层没有围墙，仅仅作为饲养动物、储存粮食或妇女的劳作空间，家里的男性一般不在底层即第一层活动。

他家二楼的房间很少，只有两间，又没有单独的卫生间。大部

分房间都在一楼，带卫生间的房间只有一楼有。想住得好一点就得住一楼。(E09，女，29 岁，昆明人，游客，傣族园)

在傣族园的几天，住在岩×家的一楼房间，房间门口写有房号，从外面就可以很清晰地辨别这些房间是对外经营的客房。房间内部的设置与酒店标间相似，1.2 米的标准床、电视机、写字台、带淋浴的卫生间。因为在一楼住宿，基本上除了在他家吃饭，其他时间都不会去二楼，也少有和主人接触的机会。一楼房间外面种植了一些花草，还设置了一块在版纳地区常见的整块木头的桌子，这里大都是在他家住宿的游客使用。例如，我自己晚上回来以后，坐在这里整理当天的访谈录音，吃吃水果，和其他的游客聊聊天；有的游客早上出发前，在这里整理下随身携带的东西。但是，主人几乎不在这里出现和活动。(2014 年 1 月，笔者田野笔记节选)

居住空间差异是社会排斥的指示器①。傣家乐主人在准备进行商业经营时，就将空间分隔开来，主人的居住空间在二层或者更高的楼层，底层大多给游客使用。即使改造为出租房，也是将底层或矮的楼层出租出去，主人始终居住在上面，这对主人家而言是保留传统的一种延续；对外人而言，主人占有空间的优越性一览无遗。这表明主人尽管将家拿来作为商业用途，但在分配空间使用时，仍然占有绝对的主动权，游客只能在主人分配好的居住空间中进行有限的选择。所有权与使用权对家屋空间的支配权力大小由此可见一斑：对傣楼拥有绝对所有权的主人地位的权限没有发生改变，只有对家屋的使用权在旅游介入后发生了变化。如何分配空间，既取决于主人的决策，也取决于游客的需求，还取决于施工方的建议，以及傣族传统文化中的民俗约定习惯。

傣族由于本民族的宗教信仰、文化习俗等，使得傣家乐的主人对自己家空间中的某些特定地方和空间有所保留。例如，访谈中提到的客厅中的神柱，“不能在家里跺地板，客厅的那个神柱不能靠在上面，也不能有东西在上面，不然对我们主人家特别不好。”（C05，男，53 岁，傣族，赋闲在家，勐景来）“有些游客看我们睡觉的房门没关好，就会朝里看看，想看看我们的房

① 周运清．住宅社会学导论［M］．合肥：安徽人民出版社，1991.

子（里面）什么样。我们睡觉的地方外人是不能进的，特别是姑娘家的房。”（B16，女，60多岁，傣族，赋闲在家，傣族园）“有些住的时间长一点的游客，想要用（我们的）厨房，也是很麻烦，我们自己也要吃饭，也要做给其他游客吃，有的游客又想自己在这里（厨房）做。时间上不好安排，而且又要收拾，太麻烦了。我们一般都不愿意，除非是淡季，人很少的时候，就给他们（游客）用。”（B04，女，37岁，傣族，傣家乐老板，傣族园）可见，这些都是不欢迎游客闯入的空间。如果游客闯入这些空间，会给主人增加很多额外的工作量，有的会破坏主人好不容易制造的“天堂”，游客无意识的一些表达或行为会让主人觉得自己很无能或自己的房间设置很差[①]。某些特定空间的所有权或者权威对于“商业的家”的主人来说非常重要，主人希望入住的游客能够遵守已经沟通好的“显性规则”和没有经过沟通的“隐形规则”。

“隐形规则或协议”是指那些“商业的家”的主人希望入住的游客能够懂得“没有写出来”或“没有解释过”的一些约定俗成的规则。例如，上文访谈中的客厅空间，主人家并不是不允许游客进入，只是希望游客在进入时尊重主人，能与他们打招呼后再进入，以至于不会感到太唐突和不适。“前廊、展台、客厅游客是可以进的，有时候我们也（和游客）一起看电视。但我们自己两三个人在看电视，游客（突然的）就上来坐在旁边，我们也觉得不好。你（游客）要进来的时候，可以敲一下，喊我们一声，这样才好。”（C01，女，42岁，傣族，傣家乐老板，勐景来）在主人家遇到半掩着的门，就算你很想进入，也需要先给予主人一些信号，敲门或咳嗽，示意你想进入这个空间。这些规则通常适用于主人与游客都能使用的公共空间。

傣家乐为游客提供的住宿房间作为游客暂时的私人空间，游客享有很大私密性。“那边宾馆，就是有游客住了就去打扫打扫，没事（我们）都不过去。游客住的时候，除非叫我们有什么事情，屋里哪里有问题喊我们去，我们就去，一般有人（游客）住我们都不去。”（A20，女，56岁，傣族，傣家乐老板，曼景法）从访谈中可以看出，主人除了必要的打扫或在游客有需要协助解决问题以外，其他时间都不会出入提供给游客的客房，保证游客享有

---

① Edensor T. Staging tourism: tourists as performers [J]. Annals of Tourism Research, 2000, 27 (2): 322-344.

居住空间的完整性和私密性。

旅游者在第一次进入陌生空间时，相对比较缺乏社会控制的力量。有时旅游者不知道自己什么样的行为对于主人来说是合适的。“住在二楼不太方便，没有单独的卫生间，晚上开灯关灯上厕所，也怕会影响到主人家。会觉得有点畏首畏尾，反而没有住在酒店里放松。”（E09，女，29 岁，昆明人，游客，傣族园）“到少数民族的地方，来之前也会了解一些风土人情、风俗习惯。住在他们（傣家乐）家里，要知道哪里能坐哪里不能坐，哪里可以踩哪里不可以踩，哪里可以摸哪里不可以摸，但是也不可能了解得那么全面，有时候会感觉不知道是不是不对，是不是会触犯到他们。”（E10，男，40 岁，河北人，游客，勐景来）所以旅游者作为“闯入者”，特别是第一次进入他人的空间，和他人共享空间，大多会忐忑不安，相对处于空间使用的弱势地位。但也有例外。在本书访谈出现过主人将自己相对隐私的空间（厕所和厨房）出让给游客使用的情况。

> Q：就餐的游客需要用厕所是在哪里呢？
>
> A：厕所就在二楼，是和游客共用的。
>
> Q：如果出现客人也想用厕所，你们也想用厕所的时候怎么办呢？
>
> A：我们都让给客人用啊，我们去楼下用或者去傣族园的公共厕所。
>
> Q：会觉得不方便吗？
>
> A：不会啊，没什么啊。
>
> （B14，男，35 岁，傣族，傣家乐老板，傣族园）
>
> 我们每天自己买菜，然后用老板家的厨房做饭。我们七八个家庭弄了一个排班表，每天哪些人买菜，哪些人做饭，哪些人洗碗收拾等，不需要老板来给我们做饭收拾。我们都是自己弄。老板同意了让我们用他的厨房。我们和他们（老板家）吃饭时间是错开的，我们有时候打麻将，吃饭时间不一定的。（E03，男，60 多岁，湖南人，游客，傣族园）

透过对整个家空间的探索，陌生与熟悉、主客之间、我者与他者之间固有的本质冲突随即展现出来。在傣家乐的家空间里，主人与游客作为主要使用人群，在经过长时间的反复博弈之后，主人将较为私密的厕所和厨房空间出让给游客使用，通过活动时间错开、活动边界限定等方式解决空间使用的问题，这是主人对家空间使用冲突的一种妥协和退让。使用人群的规模、空间的属性对人群之间的冲突程度和问题解决的效果起到重要影响。

2. 空间设计和氛围

“商业的家”的空间给游客提供舒适的氛围也是非常重要的方面。这不仅仅只是保证提供给游客的房间温暖干净，而且要让游客感觉舒适得像家一样，传统上多使用鲜花、香草或香水在游客的房间或其他游客使用的空间来增添氛围。在民族地区，“商业的家”的主人在保证家干净整洁的基础上，大多使用具有民族特色的制品来增添民族氛围。

“商业的家”的主人决定了空间的本质，主人可以增加一些其“认为的真实性”的物品。另外，游客对居住空间的消费也反映了对主人的个性、价值观和品位。“我到版纳来，想住傣族人家里，就是想看到一些特色的东西。来之前，在网上选择住在哪一家的时候，就会看上面的照片，家里面的布置，整个的环境，有没有傣族特色。就算是傣家乐老板专门布置出来的效果，只要能让我感受到民族文化和风俗，那我也会选择去住。”（E11，女，31岁，杭州人，游客，傣族园）如访谈中一样，游客会认同主人制造的舞台化效果的人工制造物，也接受主人设置和策划的一些视觉效果，因为毕竟有一些效果符合游客对“商业的家”的期望①。“我也希望他们住在我家，能够有家的感受，但同时我也希望他们了解这个地方，真正感受到这个地方。我会在家里摆一些我们自己做的陶罐、自己织的布作为家里面的摆设。我也知道游客其实来到这里也很想看到这些（装饰品），感受这些（文化）。我们的这些工艺、文化都会让我觉得很自豪。”（C13，男，33岁，傣族，傣家乐老板，勐景来）房屋内的一些符号作为视觉效果表达着主人的品位和个性。尽管“商业的家”的主人知道游客会对即将暂时体验的家空间有一定的想法和期待，但是空间审美的权力仍然掌握在主人的手中。本质上来说，“商业的家”的主人是房屋的设计师，品味的定义者，是被旅游者消费的空间的管理者。主人决定了空间的本质，空间设计反映了个人价值观、身份和品味。特殊的符

① Martin F, Healy C. At home in the suburb [A] //F. Martin (Ed.) Interpreting Everyday Culture [C], 2003: 67 - 86.

号反映和强调了主人室内设计和选择的人工制造物的重要象征意义，反映了主人的个性，如傣族的照片墙。

在调研中发现，很多傣族人家的客厅一面墙壁上挂满了照片，特别是傣族园景区和勐景来景区里，几乎家家户户都会在二楼客厅或前廊墙上挂照片。“这上面都是我们家人的照片，这个是女儿女婿的结婚照，他们现在在景洪，不住在家里。还有一些过节时候的照片。我们傣族把这些照片挂在墙上，来的人都可以看到。”（B20，女，48 岁，傣族，傣家乐老板，傣族园）在曼景法，一些老人住的第三代傣楼和现代房屋里也可见到照片。“我们住三楼，我爹妈住二楼。照片墙在老人住的那里。我住的没有，现在基本都汉化完了，因为我嫁的老公是汉族，姐夫也是汉族，但是老人保存了照片墙，就像你说的喜欢把照片洗出来然后贴在墙上。”（A23，女，28 岁，傣族，傣族特色餐饮店老板，曼景法）

对傣族人来说，照片的拍摄、收集是他们生活的一个重要部分，而且家家户户悬挂照片也成了他们的习惯。照片悬挂的位置也有讲究，一般是在二楼客厅摆放电视机处附近，这里是家庭公共活动的重要空间，也是傣族人家里接待客人的主要场所。悬挂的照片数量各家不等，一般少则十多张，多的可达五六十张。从照片拍摄的内容来看，主要是年轻人的结婚照、民族节日照表演的照片、长辈的照片、孩子的照片和逝去故人的照片等。在很多家庭中，常常看到悬挂在最主要位置的一般是年轻人的结婚照和孩子们的照片。如果从数量上看，参加各类节日庆典和表演的照片是最多的，如泼水节、赶摆、新房落成的照片。有些村寨由于旅游发展，也有一些村民和来视察的领导、外国友人、明星的合影。例如，泰国皇室的布施团来访勐景来景区进行仪式的合影；大型真人秀节目《爸爸去哪儿 3》的拍摄，村民得以和刘烨、胡军等明星及与明星宝宝合影；等等。“照片墙有时候确实能够吸引游客来家里，像有些游客进来吃饭，会对照片感兴趣，想知道照片有些什么故事。有些人会说利用自己的照片挣钱，但是这些照片就是我的生活，我为什么不能展示给游客看呢?”（C14，男，30 岁，汉族，傣家乐老板，勐景来）当这些照片在家的公共空间里展演，就不仅仅是一种私人收藏代表记忆的物品，而是有了一种公开“发布”信息和向外“展演”的功能，也有一些傣家乐将照片墙作为向游客宣传，博取经济资本的一种手段。

“商业的家”包含和复合了私人空间和公共空间两个领域，使得它们的边界日渐模糊，但也正由于边界的模糊不清，使得供主人和游客使用的空间变得更加有活力、有魅力。放置了主人私人财物和物品的前廊、厨房和客厅，常常因为缺乏清晰的分类和界定而被视为公共空间。这些地方和空间对不同的使用人群来说具有不同的功能意义。这种混合的“非空间”提供了一些相互矛盾的讯息，使人想起福柯关于“异托邦”特征的论述，它具有不确定性或他者空间所包含的真实和想象。在福柯的概念中，社会越来越表现出空间复杂性的特点，而不是简单暂时的线性特征。相比乌托邦是一个完全虚构的空间，“异托邦”是一个神秘而真实的存在，如游客的房间、主人的私人空间、主人的“后台”区域是真实而迷幻的，但同时混合着主客进行的空间生产与消费。在一些游客允许进入的家的公共空间里，冲突的产生是由于主客审美价值不同，导致符号在空间的使用和表达上存在差异。例如，主人在家空间里利用符号表达了他们本民族的宗教信仰，但却和游客的审美相矛盾和冲突。“有游客说不喜欢我们家里摆的那个图案或东西，比如说一些打猎来的动物头骨，说看到整个人都不舒服了。我承认我开傣家乐是在做生意，是在挣钱，但是这也是我的家啊，我摆什么不放什么也有我的自由吧。”（C14，男，30 岁，汉族，傣家乐老板，勐景来）

显然，傣楼家空间里的照片墙、图腾等这类标识不仅仅是为了审美或装饰，它更是主人特殊身份和信仰的表达。在游客可以进入的空间，如客厅、前廊、用餐区等，这些符号的交流功能在进一步增强。因此，从主人的角度来看，旅游者成为一个由主人定义的角色，作为一个必不可少的观众，凝视主人对自己的身份和对家空间的展演。对于主人来说，平凡和日常的用品可能就转变成了装饰物或有故事的载体。“商业的家”的主人在他的家里展示这些被游客凝视的日常用品或物件，并宣誓主人对家空间的主权。

3. 外围环境

傣楼的外围环境即院落，也是家的重要组成部分。传统的傣楼院落一般都没有设置大门，大都种植了一些热带植物，如芒果树、菠萝蜜、椰子树、棕榈树等，有一些人家会养鸡，有的还有鱼塘。

经营傣家乐的傣族人家，广告牌在院落内通常都显得非常突出，与传统傣楼看起来并不协调（见图 23）。通过大范围的观察可见，大部分傣家乐的广告牌仍然是使用绿色做底，白色或红色文字，并配上傣族菜品、房间和身着传统傣族服饰的少女、家庭合影照片或与重要领导、明星的合影照片。广告牌上的少女大都笑意盈盈，做着欢迎来客的手势。身着传统傣族服饰的少女是大众凝视的焦点。少女所代表的柔美符号、傣族特色菜品和客房所代表的商品符号以及与领导、明星合影的权威符号，意图都是为了更好地吸引游客前来消费。

图 23　玉温傣家乐招牌（2012 年拍摄）

“第一天清晨，是在鸡鸣鸟叫声中起床的，虽然这些‘噪声’吵到我的休息，让我早早起床，但这些声音不正是来到乡村希望体验到的嘛。因为是夜里到的傣族园，简单入住后就赶紧休息了，今天早晨才好好地开始观察这家傣家乐。岩 × 家门口有州政府统一挂牌傣家乐用的陶罐，写着‘岩 × 傣家乐’，在支撑的木杆上用英文写‘YAN GUANG DAI HAPPY FARM’以及联系电话。院落全部是用鹅卵石铺就，看得出来院落里的植物花束都是精心打理过的，入口处呈对称设置，二楼也种植了可以悬垂下来的绿色植物，整个院落看起来绿意盎然。院落内设置了一大块完整树木做成的长形大木桌，周边摆了一些竹制的藤椅。整个院落既让人体验到热带村寨的风格，又非常干净整洁利落。”（2013 年 8 月，笔者田野日记节选）（见图 24）

（1）傣族园景区岩×家大门

（2）傣族园景区岩×家院内

图 24　傣族园景区岩×家外围环境（2012 年拍摄）

家并不只是那一栋房屋，它还包括房屋周围的环境。“住的傣家乐如果院子布置得非常漂亮，绿树成荫，繁花似锦，肯定更愿意选择带有这样院子的傣家乐住。这样我们也有可以充分活动的地方，大家可以在这里聊聊天吃吃东西，非常惬意。我觉得漂亮的院子还是非常重要的。对我来说，如果仅仅只有一栋傣楼，我更想住带院子的傣楼。”（E12，女，26 岁，贵州人，游客，傣族园）所以在国外的很多案例研究中，花园都被作为家的一个延伸部分，它不仅仅是一个设计的空间，更是用来向游客传达诗意田园和乡间田野的感觉。“有时候在家里（二楼）遇到游客，没什么话说，（距离）太近了还是觉得有点尴尬，有时候就会回自己的房子（卧室）里去。但是去到院子里，宽敞，如果好几个人（游客）的话，大家随便说说话也还好，聊聊去哪里玩，吃什么。有时候也和游客一起坐在院子里喝喝茶，聊聊天。”（C14，男，30 岁，汉族，傣家乐老板，勐景来）事实上，对于“商业的家”的主人来说，院落空间相比家空间的其他部分，是更容易和游客分享和共用的空间。因为这里对于主人来说，不仅个人的东西相对较少，还能够给主人和游客提供现成的共同兴趣点。很明显，在院落空间中，视觉、嗅觉和听觉对游客来说都非常重要。“也有游客来住过之后跟我们说，院子里能不能搞个吊床啊，给我们玩一玩，休息一下；你们去弄些什么什么花来种更好看啊；广告牌怎么弄啊什么的；我们在改造的时候也会想着游客他们说的（想法），毕竟我们是要让他们（游客）喜欢这里，来这里住，觉得环境好，有特色。”（B03，男，40 岁，傣族，傣家乐老板，傣族园）院落作为非常重要的家空间的外部设计，被认为是主人向游客展示和分享设计偏好和兴趣的公共空间，尤其是主客之间能够通过这个空间共同的分享去理解传统民族文化和地方文化。

（二）饮食空间

傣族的饮食与饮食结构由其居住的环境决定，因炎热所致，味喜酸、辣、苦（凉），三者皆可助开胃化食，消暑解毒杀菌。其食物种类极为繁多，除庭园种植和家庭饲养的物产以外，山野河流所产，似乎都可入食。傣族人曾戏言：“凡是绿的都是菜，凡是动的都是肉。”更有一些奇异之物，如蚂蚁蛋、蝉蛹、花蜘蛛、竹虫、沙蛆、青苔等成为傣族喜爱的食品。食物的烹制方法主要有烤、蒸、炸、煮、腌、剁、舂，特别讲究佐料的配制。喜食糯米饭，吃饭不善于用筷子，而惯于用手捏饭吃。傣家的食品用糯米做的食物种类很多。烤类食品的配料必备香茅草，较出名的主要有香茅草烤鱼、烤竹鼠、火烧乳猪、烤花蜘蛛、烤竹笋。油炸的菜也很受傣族人青睐，如油炸肉、油炸蜂蛹、油炸蚂蚁蛋、油炸竹虫等都是傣族特有的风味菜肴。傣族每餐都喜喝汤，常见的有杂菜汤、酸笋汤、干腌菜汤。腌制的菜是傣族人必不可少的家常菜，有数十种之多，最具特色的如腌牛脚筋、牛皮、猪脚、猪头、鱼、黄鳝等，当地人又叫“酸皮”。各种蔬菜也可腌着吃，如酸茄子、酸木瓜等。傣族也喜用蔬菜、鱼肉、蟹肉、嫩蝉等配野姜、蒜、葱、青椒舂成酱泥，作为糯米饭和其他菜的蘸水。这种酱傣族称为“南秘”，品种繁多，吃法各异，是一种极具风味的佐餐食品。饮酒是傣族人的一大嗜好，傣族善于用谷米酿酒。在数千年的民族发展进程中，傣族的膳食烹调别具一格，并已形成具有食品文化意义的“傣族风味”。如今傣族特色美食不仅仅只是在西双版纳、德宏等傣族聚居区能够品尝到，在国内一二线大城市也有专门提供傣族特色美食的餐饮场所，如傣妹火锅、味道云南等。傣族在饮食方面已形成了具有强烈风格的本民族特色风味饮食，傣家乐经营中的傣族特色餐饮是吸引游客的重要方面。

文化是饮食空间塑造的媒介[①]。人们通过媒介把物质的平凡现象转变成富有意义和价值的世界[②]。文化地理学将饮食“事实”视为一种社会文化产品，对人的关注也使得饮食文化与饮食活动，以及其所产生的饮食空间的塑造成为重点，关注由文化转向了空间[③]。饮食文化空间在于其承载饮食和文化双重属性。一方面，它是一个承载饮食内容的物质空间载体，在这一空间进行饮食生产和饮食消费等饮食活动；另一方面，它是饮食文化及其相关社会活动的载体，具有丰富意义，是典型社会文化空间[④]。饮食实践是表情达意、塑造和协调身份认同，以及建构、维系或改变社会关系的行动[⑤]。餐厅（特别是主题餐厅）已经由单纯饮食场所发展成多元体验和精神享受的饮食文化空间[⑥]。

少数民族的饮食空间构造有着得天独厚的地理和文化优势。国外对主题餐厅的研究中，民俗主题餐厅也是研究的重点。以傣家乐为代表的民族餐厅因其本身地域所在，经营者对传统民族文化的理解和融入，对当地文化与餐

---

① 曾国军，吴炎珂. 饮食文化空间的符号化生产：广州主题餐厅的案例［J］. 华南师范大学学报：社会科学版，2015（2）：83－91.

② 周尚意. 英美文化研究与新文化地理学［J］. 地理学报，2004，59（21）：162－166.

③ 蔡晓梅，刘晨. 人文地理学视角下的国外饮食文化研究进展［J］. 人文地理，2013（5）：36－41.

④ 蔡晓梅，刘晨，曾国军. 社交媒体对广州饮食文化空间的建构与重塑［J］. 人文地理，2013（6）：1－8.

⑤ 林开忠. 跨界越南女性族群边界的维持：食物角色的探究［J］. 台湾东南亚学刊，2006，3（1）：63－82.

⑥ 魏鹂. 餐饮空间的主题性设计研究［J］. 沈阳：沈阳航空航天大学，2012.

饮的把握，能够通过对餐厅的氛围营造，让顾客身临其境。

> 傣味××是曼景法村里目前仍由本村人经营的傣家乐之一，主要是经营餐饮。她家的大门是传统的红黄相间配色，用汉语和傣语写着店名“傣味××”和联系电话。一进入院内，就看到散养的几只孔雀悠闲地走着。整个一楼和院内都是摆放的接待餐饮的桌椅，桌椅也是具有傣族特色的竹编矮桌矮凳。院内还有一两处利用傣式凉亭设置的餐饮包房。一楼的墙壁上挂有鲜艳的孔雀尾巴羽毛做成的装饰品。尽管房屋都是水泥盖成的，但一楼游客用餐区的柱子、墙围都用竹子进行了铺盖，尽量营造傣楼的风格。（2015 年 8 月，笔者田野日记节选）

饮食空间的生产过程就是符号化的重构过程。符号化包括主体经过自身建构将客体转化为符号，并赋予符号意义；主体通过符号理解和认识世界的过程。旅游中的饮食体验是为了让游客追求一种符号的、象征意义的真实性，是经营者进行符号建构的结果[①]。在这个过程中，游客更关心去寻找某一文化吸引物或活动所代表的符号或印象，而不是去了解它本身的意义和作用[②]。

在“商业的家”中，饮食空间的建构主要包括语言、氛围、菜品三个方面。“他们才吃二三十分钟就走了。团队吃得快，也不在这边住，导游带过来吃，吃好就走了。有些人换地方玩了，有些人直接坐勐海，要不然直接上飞机回家了。基本上没有和游客说话（交流）。”（A07，男，36 岁，傣族，岩毛农家园傣味楼老板，曼景法）由于游客就餐时间相对较短，很难和主人家有深入交流的机会，通过符号化的文化展演方式可以让游客在短时间内感受到民族文化。上文中位于曼景法村的“傣味××”（见图 25），由本村人家庭经营，整个接待游客的就餐区，从大门的设计、凉亭的构造、餐桌椅的选用、墙壁上的孔雀毛装饰、散养的孔雀、竹子在室内装饰上的使用，都是利用傣族传统文化符号不断强化民族主题餐厅的特色，用以吸引游客。民族“商业的家”的饮食空间氛围浓厚，更容易获得游客的认可，在市场上有较大潜力。

---

① Cohen E. A phenomenology of tourism experiences，Sociology［J］. 1979，13（2）：179－201.

② Culler E. Semiotics of tourism. The American Journal of Semiotic. ［J］. 1981，1（1）：127－140.

（1）傣味××内部就餐区

（2）傣味××内部就餐区

图25　傣味××就餐区情况（2015年拍摄）

我们家是自己做的，不在外面请厨师的。小工肯定要请的。比如来个十桌二十桌自己肯定忙不过来，我家就三四个人，我们请的小工都是傣族。（小工）他们还是会听一小点汉话，但是（小工）他们不会说（汉话）。淳朴嘛，比较好管。另外呢，我们家本来就是傣族，搞傣族风味餐厅，服务员也都是傣族，这样游客来了会觉得正宗，整个都是傣族风格。比如游客来了看他们穿的傣族传统服装、听他们说傣语，听不懂但是会感兴趣，游客来到我们少数民族地方就是想看特色的东西。（A23，女，28岁，傣族，傣族特色餐饮店老板，曼景法）

A23是一位在昆明念完大学回乡创业的“90后”女士。她把整栋房屋拿来做傣族特色餐饮，整体风格较为统一，内部多用竹质和木质材料进行装饰。为了更加体现地方性特色，餐厅的服务员也全部为不会说汉话的本地傣族人。在一个短时间停留的文化空间，经营者更愿意通过社会体系中所约定俗成的符号进行展演。语言就是社会体系中最直接的符号系统[①]。尽管可能会出现一些负效应，例如有旅游者在“美团”这样的媒体平台上评价该店小工不懂汉语，影响沟通交流，但他们仍然坚持选择通过服务员身着傣族传统服饰和使用民族语言来向旅游者展演传统民族文化。

主客在饮食空间的互动过程中充满规范行为，表征出饮食空间的权力关系，同时被空间中的社会关系所建构和重塑[②]。“来到这里，肯定是要尝尝当地的特色，我们一般就是问特色菜是什么，老板就会推荐一些，有些味道奇怪的，老板在点菜的时候会提醒我们，告诉我们可能会吃不来。但是就算说很奇怪的味道，我也没吃过啊，点了尝尝看呗，不好吃大不了就不吃好了。来旅游还是吃家里那些菜也没意思嘛。”（E14，女，53岁，湖北人，游客，曼景法）从旅游者的角度来看，离开常驻地旅游，就是要追求新奇和差异化的产品。在“商业的家”的饮食空间中，旅游者摆脱日常的饮食习惯，不仅要求吃好吃饱，而且更愿意给自己“试错”的机会，不会过于用价钱去衡量菜品的价值，大多只在意是否能够体验地方特色。从“商业的家”的主人角度来看，首先在点菜方式上，并没有为了迎合大众主流形式而改变自己的固有方式。“调研的时候每天在不同的傣家乐里解决吃饭问题，发现很多傣家乐并不提供菜单。当我要看菜单的时候，很多老板都说他们家没有菜单，或者菜单看了也没用。很多菜都是季节性的，有时候有，有时候没有。老板都是喊我们直接去晾台或者厨房门边，那里有一个专门的木架子，上面放满了

① Palmer C. Tourism and the symbols of identity. Tourism Management [J]. 1999 (20): 313-321.

② Harvey D. Between space and time: reflections on the geographical imagination [J]. Annals of the Association of American Geographers, 1990, 80 (3): 418-434.

各式各样的菜，老板称那里为‘看菜点’。就是前来用餐的人，对着老板摆出来的各种食材点菜，例如你点了芭蕉花，老板会告诉你芭蕉花可以做成哪些菜式，你自己决定要哪一种。这种点菜方式对外地游客来说也许很新奇，但也有风险。因为很多食材都不常见，而且没有成品菜的照片、价格和口味介绍，可能点完也不知道最后上桌的是一些什么菜式，能不能接受这些口味和菜品，价格是多少也不清楚，要等到买单结账时才会被告知。”（2015 年 1 月，笔者田野日记节选）傣族特色菜肴中所使用的大部分食材，对于外来游客来说都比较陌生。“看菜点”的点菜方式将提供饮食的绝对权力偏向于主人一方，而游客只能在有限的范围内进行实际意义并不太大的选择。因为傣族生性善良，对人温和，就算游客点餐时并不知所点餐的价格，也绝少因为价格欺诈而起旅游纠纷。对于民族菜品，“商业的家”的主人并不会因为游客是否接受或接受程度的高低而对自己的特色菜品进行改良，始终坚持提供当地地方性的饮食，体现傣族饮食的地方性特征，这些饮食也被贴上本地化、正宗傣味的标签而被不断推广出去。

> 游客嘛都有，喜欢吃的就喜欢吃，也会再推荐给来旅游的亲戚朋友。有时候他们来吃，吃不来（吃不习惯）的话他们会在“美团”上留言啊，说是难吃、不好吃，还有说小工听不懂汉话、服务态度不好啊，这些都会有，100 人里会有 10 个人说不满意你的这些东西，但是这些都很正常。大部分人还是喜欢吃我们自己做的。我们不可能做到每个人都喜欢这种口味。我们会尽量满足游客的需求，要是他们还不满足，我们就会尽自己最大的努力（改进），还不行那也没有办法了。假如游客说做的菜难吃、吃不下去，那样能换就换，不能换的话就给他们打个折啊，或者是免费都有，但不会去改良口味。我们平时自己吃什么味道就做什么味道。因为这些味道就是我们民族本身爱吃的啊，做菜的方法啊。除非游客点菜的时候就告诉我们比如不吃酸笋、不吃香茅草、不吃香菜这些，不要放，那我们就按照游客说的做。正常都是正常做，游客想尝试看看就尝尝看，不喜欢我们也没办法。（A23，女，28 岁，傣族，傣族特色餐饮店老板，曼景法）

当然，“商业的家”的主人在某些时候也会妥协与退让，如遇到态度较为强硬的旅游者，不喜欢某道菜品，采用打折、换菜或免费的方式，使游客在心理上得到满足，提高满意度。主客之间微妙权力的使用和协同关系表征，使得“商业的家”的饮食空间异于常规城市化饮食空间，从而增强了饮食空间的地方性，使其成为“商业的家”中有意义的地方。

（三）娱乐空间

傣家乐里的娱乐空间涵盖两个方面：一是在“商业的家”空间中能够提供给游客进行旅游娱乐的活动场所；二是指人们旅游娱乐的精神空间，即人们对旅游娱乐空间的好奇、兴趣与构想，以及人们在旅游娱乐中的精神感受及精神张弛状态①。

傣家乐的经营是以家空间为本底来开展的，不同于的普通农家乐，提供棋牌、采摘、垂钓等多种娱乐设施，它的娱乐设施相对较少。傣族园景区由于园区内每天上下午各有一场泼水节表演，下午有一场少数民族歌舞表演，所以经营傣家乐的村民家中大多只提供吃住，几乎没有娱乐设施，仅发现在曼景法偶有提供麻将棋牌室的傣家乐。在勐景来景区提供手工艺展演的傣家乐，游客能够参与体验织布、酿酒、制陶、制糖、造纸等娱乐活动，这些娱乐空间位置大多位于傣楼一楼。

曼景法村由于位于景洪市，更加接近城市生活方式，在外来文化的侵染和带动下，“商业的家”中设置了在汉族中较为流行的麻将棋牌休闲空间。“只要游客爱玩啊，只要有些想玩啊，那么我们就弄。像有时候旅行社带来的团队，在这里吃饭，想敲锣打鼓啊，那我们都会拿锣拿鼓和游客一起玩。不会说很讲究什么民族特色，就是闹一闹、玩一玩，气氛好就行了。如果没有游客想玩，我们自己不会去玩这些，因为做饭这些已经很忙了，我们也不像那些餐伴舞的地方，我们就只做做饭吃。”（A07，男，36岁，傣族，岩毛农家园傣味楼老板，曼景法）如果游客想观看和参与歌舞表演，“商业的家”的主人也会配合，但并没有专门的设施、人员或准备工作，仅仅只是为了对游客休闲方式和休闲行为的迎合。旅游者的需求主导了娱乐空间的变化，而娱乐空间的变化反映出在旅游发展背景下现代化进程中社会生活的深层次变

---

① 陈蕴茜．论清末民国旅游娱乐空间的变化——以公园为中心的考察［J］．史林，2005（5）：93－124.

化，是外来文化和本地文化交融的结果，是农业社会向工业社会转型过程中人们休闲生活方式生成的表征。

处于边境地区的勐景来景区，傣家乐经营者提供的娱乐空间多与代表当地傣族传统文化的手工艺展演相关。“（金孔雀）集团这几年也对我们寨子里这些手工艺展示的活动进行了一些设施上的改造，比如造纸的，做了很多并排着的水槽；也给他们（村民）进行了一些（活动）设计，像榨糖的那个地方，以前也没人管，现在都安排了活动，教游客怎么榨甘蔗，怎么熬糖。现在来拍电视（综艺真人秀节目）的很多，比如一些小孩的节目，就让村民们带他们（小孩子）分组比赛这样一些活动。就是让游客都参与进来，不只是看他们（村民）做，可以自己做了然后买回去，放在家里，以后看见还能有印象。”（C15，男，32 岁，汉族，勐景来景区公司员工，勐景来）位于勐景来景区的“商业的家”的娱乐空间是在外来资本集团主导下重修的，其将原本家中用来获取经济收入的手工艺售卖行为转换为展演行为，同时还增加了这些手工艺制作过程和产品的附加值。“小孩子在这个地方跟着他们（手工艺人）学怎么造纸。他们设计的也很简单，按照他们说的基本都能做出来，不是说很复杂的那种。时间也合适，不会太久。很多小孩子一起做，他们（小孩）也觉得有意思，自己动手做出来以后还可以在上面学写傣文，带回家。”（E15，女，39 岁，四川人，游客，勐景来）从旅游者的角度看，建构的娱乐空间中旅游者按照既定的程序参与体验。“我自己本身对手工艺特别感兴趣，在北京的时候我就报名参加了木工班，当然开始是最初级的，学了一个月就是做一个木碗，后来我也做了一个宽的茶几，现在放在我家里用。在这里，看到造纸、制陶、打铁、做糖，全部都很想去学。看着泥巴在自己手里成型，然后烧出来，放在家里会觉得特别有意义。以后看到自己做的陶罐，也会回想到在中国边陲的这样一个寨子里的生活。”（E16，女，33 岁，北京人，游客，勐景来）而参与和体验传统民族文化的旅游经验，也会长久留在旅游者的记忆中并对旅游者日后的生活产生影响。

傣族的制陶被称为慢轮制陶，已有 4 000 多年历史，算得上是我国原始陶艺的代表，包含了舂土、筛土、拌沙、渗水、捶打、制坯、打坯、干燥、烧陶等多个环节，其特色为慢轮手工制作。器物表面均用有纹的木拍拍打出印纹（与南方新石器遗址出土的印纹陶器相一致），简单的花纹，乱中有序，协调安定。所生产的陶器按其用途可分为生活用具（水罐、陶锅、酒壶、酒杯)、建材（瓦)、赕佛用具（供瓶）等种类。但由于现在制陶技术的发展，制陶的经济收益不甚理想，这样的传统手工艺即将失传，后继无人。“傣族制陶传女不传男，我跟我妈学的，我学的时间很短，才五年不到的时间。这些陶器我们平时生活中也用得到的，但是之前卖的（生意）也是越来越不好了。我本来也没有想要学，后来我妈还是让我学，寨子里搞了旅游以后，也不光是像以前一样拿出去卖。现在也有很多游客在这里买，还有在这里自己学做，这个还是比较难的，主要是手力不好控制，烧制的话三到六个小时就好了。我们家这里现在很多游客来，一天都来很多，陶器也好卖了，我也觉得会这个（制陶）蛮好的，又可以挣钱。我自己现在除了做我妈教的那些传统的样子，也做些小鱼、小猪、小人的，来的一些年轻游客很喜欢这种。”（C10，女，30 岁，傣族，手工艺展示，勐景来）“商业的家”中娱乐空间的展演行为挽救了岌岌可危的传统手工艺，强化了傣族人对自己传统手工艺技艺的认同感和自豪感。这种对旅游者的吸引并非猎奇式的刻意展演，而是透过日常生活自然地呈现当地文化。

三、旅游商业活动下“家”的商业化演变轨迹

傣家乐是西双版纳傣族园公司在 2001 年推出的旅游新项目，先由公司选拔、扶持和培训少量农户参与，后在政府的推广、引导和监管下，西双版纳州整州大量村寨的村民自发参与。

（一）傣家乐的发展历程

西双版纳州傣家乐旅游经营活动的发展主要经历了两个阶段，现阶段傣家乐仍在部分村寨继续发展着。

1. 兴起阶段——“公司 + 农户”模式，少量农户加入

家庭旅馆是家庭将多余的房间出租给游客，游客在住宿的同时还能感受到当地家庭生活气氛的一种旅馆经营方式。家庭旅馆在西方国家的发展历史较早，其形式分为两种：一种叫 B & B（Bed + Breakfast)，即“床位 + 早餐”，由一个家庭空出几间房屋作为客房出租经营；另一种叫 Guesthouse，是

家庭经营的小型旅馆，其房间大部分用来出租①。2000 年左右国内家庭旅馆业开始兴起，并受到学者们的关注，主要集中出现在海南、杭州、丽江、阳朔等家庭旅馆业较发达的地区。

利用傣族人自己的特色民居来进行餐饮或住宿的经营在西双版纳州有一个专有的称谓——傣家乐，是傣族园公司在 2001 年推出的。傣族园公司提供“学一首傣家歌，跳一曲傣家舞，吃一顿傣家饭，住一宿傣家楼，观一次傣家景，干一回傣家活，泼一身幸福水，做一天傣家人”的傣家乐民俗旅游专项服务。2000 年傣族园公司出台《傣家乐旅游服务实施方案》，先后在曼春满、曼乍投资 30 余万元，包装 25 户傣家乐接待户。随后，傣族园公司对 5 寨内定点接待户进行统一包装、统一策划，重点引导扶持，先后投资 100 多万元对接待户的卫生、住宿、盥洗、设施、庭院绿化和旅游路线等进行整治、改造。从 2000 年 11 月起，傣族园公司先后分片区、分层次地对村干部、文明庭院户及傣家乐接待户进行培训。2001 年 8 月傣族园公司还组织了 14 户“傣家乐”接待户赴昆明参加为期一周的“农家乐”学习班，开阔眼界，学习有益的经验。景洪市旅游局拨出 5 万元作为傣家乐专项旅游开发资金。有了政府的支持、公司的引导扶持和村民的合作，傣家乐接待户很快发展到 30 余家，日接待游客能力达上千人次，住宿达 500 人。

> 2003 年 2 月 1—7 日，人们还都在欢度春节时，傣族园里的傣家乐接待户忙得不亦乐乎。一周之内，傣族园共接待国内外游客 20 200 人，其中光散客就达 8 000 余人。据不完全统计，春节期间，到曼乍村岩 × 家就餐的游客就达 1 600 多人，住宿 600 多人次；到景区 5 个村寨曼将、曼春满、曼乍、曼听、曼嘎就餐的游客上万人次，住宿近 4 000 人次；出售的水果、烧烤、工艺品、贝叶经、傣家织锦等，给村寨村民带来综合经济效益达五六十万元②。
>
> 可以看出，在 10 多年前，傣家乐在傣族园景区的兴起立即就吸引了众多游客前往，增加了游客人次，带来了很大的经济效益。随后，傣家乐示范户岩 × 家开始建立组织进行经营。

---

① 文彤．家庭旅馆业的发展——以桂林龙脊梯田风景区为例［J］．旅游学刊，2002（17）：26－30.

② 李盛宣．傣家乐西双版纳旅游新时尚［J］．中国民族，2003（4）：36－37.

2002年8月，岩×邀请寨子里的其他17户傣家人，与自己组成一个经营傣家乐的联合小组。“客人来的时候，每家出一个人干活，赚的钱除去成本，由18户人均分。现在，一般每家每月能分到1 000多块钱，最多的月份达4 000多块。”岩×说。曼乍村共有3个经营傣家乐的联合小组，全村48户村民有38户从事傣家乐接待活动①。

由于傣族园景区傣家乐经营产生轰动效应，景洪市及周边的一些傣族村寨也开始进行傣家乐经营，如本书案例点曼弄枫村委会曼景法村。根据西双版纳旅游度假区管委会的资料显示，度假区下辖的曼景法村从2006年开始旅游开发。这得到了曼景法前任村主任的证实。“我们这里2003年开始，到2005年结束。有一个合同，有一个图纸，统一建的。然后就开始接待游客了。”（A02，男，60多岁，傣族，前任村主任，曼景法）

仅两年多，曼景法村就建成了富有傣族特色的现代新傣寨，在村主任岩毛的带领示范下，推进了傣家乐发展特色村寨旅游，并于2009年前后先后获得全国特色景观旅游名村、云南省村镇建设示范单位、云南省首批旅游特色村、全国特色景观旅游镇（村）等称号。全寨有2/3的人家办起了集吃、住、游、购于一体的体验式傣家乐，年均接待游客5万人次，仅此一项农民人均纯收入就增加了5 000多元。

2. 发展阶段——以村民为主导，旅游公司扶持，政府规范

根据西双版纳州旅游局的数据显示，从2010年起，旅游人次的增长速度加快，且国内游客占绝大部分比重。傣家乐的数量也大幅增加，其中包括州旅游局审核通过的挂牌傣家乐和季节临时性经营的傣家乐。2011年2月，西双版纳州旅游局公布了全州第一批旅游特色经营户名单，全部为傣家乐经营户。本书所涉及的案例中，傣家乐经营户曼景法村1家，傣族园景区19家，勐景来景区9家。

> 我家楼上5间客房，一共可以住20个人。前几年傣家乐没那么多，生意很好，最近2011、2012年都在盖房子开傣家乐。想开就可以开，傣族园公司不管的。门口挂陶罐标识的是正规的，是州旅游局批的，像我们家傣族园公司会帮我们办。报了之后，要培训和审

---

① 资料来源：新华网，2003年4月13日，http://news.sina.com.cn/s/2003-04-13/224292757s.shtml。

核，州旅游局要来人的。培训食品卫生、安全啊，每年都要来培训，每年都有名额。（B07，女，23 岁，傣族，傣族园公司员工，傣族园）

在西双版纳州政府的扶持下，以县市城区周边各村寨和旅游小镇为重点，扶持傣家乐、爱伲人家、基诺人家等旅游特色村及旅游特色村经营户，展示少数民族独特生活传统与文化。从 2011 年开始，傣族园景区内仍有不少家庭继续扩建房屋或重新建盖房屋经营傣家乐。“盖大房子就是为了接待客人啊。以前和游客一起住不舒服，所以扩大了。这个房子花了 80 万元，一根柱子就要 3 000 元，傣族园给点补贴，15 000 元。”（B04，女，37 岁，傣族，傣家乐老板，傣族园）2013 年 1 月笔者调研时，虽然木材的价格不断上涨，但仍然遇到好几家正在新修房屋，主要目的是为了更好经营傣家乐。

据 2015 年的统计数据，傣族园内正式挂牌的傣家乐已超百户。2015 年景区内村民年人均收入约 25 000 元，比全市农村居民人均可支配收入高出 13 591 元，是建园前年人均收入的 8. 3 倍；通过手工艺品、特色农产品经销，年人均收入可达 3 000 元左右；景区村民员工通过参与泼水表演、歌舞表演等活动，年人均收入可达 33 000 元左右。

景洪“傣家乐”受青睐　自驾游火爆西双版纳①

位于景洪市西双版纳旅游度假区内的云南特色乡村旅游示范村曼弄枫村委会曼景法傣族村热闹异常，自驾游的各式轿车、商务车在这个绿树掩映、鸟语花香的傣家寨出出进进，游客们喜气洋洋地享受着春节的美好时光。

村党总支书记岩毛说：“许多外地游客对体验‘傣家乐’很感兴趣，这些天我每天都要接到几个要客房的电话，可是村民家的客房早在春节前两个星期就已经预定完了。现在村里与开发商合建的商住楼过两个月就可完工了，到那时来村里观光度假的自驾车游客就不用愁住的问题了。”

景洪市推出的“住傣家竹楼、品傣家风味、着傣家服饰、采傣

① 资料来源：云南网，http：//tourism. yntv. cn/content/56/20110407/085942_ 56_ 257305. shtml。

家民风”的“傣家乐”乡村民俗旅游活动，越来越受到海内外游客尤其是自驾车游客的青睐。今年春节，西双版纳傣族园52户400间、曼景法村40户120间“傣家乐”客房，早在春节前就已订购一空，春节期间每天接待住宿游客千余人。来自哈尔滨市的陈先生说，他春节前两天就带着妻子、女儿来到西双版纳傣族园岩垃家“傣家乐”过春节，已在了6天。这里阳光温暖、傣寨风光优美、傣族民风淳朴，村民热情好客，过得很愉快，要不是得回去上班，真舍不得走。“傣家乐”户主岩垃对记者微笑道：“从春节前两天到现在接待了3批客人，8间客房天天都住满；每天来吃傣味的客人有十五六桌，真有些忙不过来，但是全家人都忙得很高兴。”（2011年4月7日，新闻节选）

在这一阶段，由于早期经营的傣家乐的示范作用，越来越多的村民积极主动参与傣家乐的发展，旅游公司仍然通过房屋改造、培训等途径对经营户进行相关扶持，地方政府的角色转换为规范和监管两个方面，通过相关政策和法规来规范“傣家乐”的健康发展。

（二）傣族家在商业化过程中边界的产生及其原因

边界可分为有形的与无形的①。有形的边界通常是通过一定机构认定的，区分不同空间或主体的界线，它通常是清晰明确的，并具有法律效力，因此边界两边存在明确的区分②。无形的边界通常是指那些随着社会情景、社会关系以及社会成员的实践不同重构，区分“我者”和“他者”的界线③。此边界并非一成不变，而是随着社会上不同主体的互动而产生改变④。同样地，人文地理学、社会学和人类学通过边界的概念来观察不同社会阶层或族群间的互动，了解社会各主体如何通过互动来维持社会边界，从而在流动性强的

---

① 唐雪琼，杨茜好，钱俊希．社会建构主义视角下的边界——研究综述与启示［J］．地理科学进展，2014，33（7）：969－978.

② 冯革群，丁四保．边境区合作理论的地理学研究［J］．世界地理研究，2005，14（1）：53－61.

③ Henk Van Houtum，Ton Van Naerssen. Bordering，ordering and othering［J］．Journal of Economic and Social Geography，2002，5：125－136.

④ Kramsch O T. The rablesian border［J］．Environment and Planning D，2010，28（6）：1 000－1 014.

现代社会中，保持主体间的差异[①][②]。傣族家空间转变到“商业的家”空间，如何划分“商业的家”空间中的私人空间与公共空间的界限，不同主体之间如何互动及影响“商业的家”内部空间的边界清晰度与再划定，是值得关注的问题。

1. 家的性质决定空间边界的产生

家空间具有排他性和私密性。家被认为是具有保护性和排他性的私人空间，是个人寻求归属感和安全感的场所。

每个人以他/她的主体和活动填充在他/她直接占有的空间内，每个人都拥有一个仅有他/她自己的空间，不同的主体不可能同时占据同一空间。空间由于其占据的个体不同，因而具有唯一性和排他性。空间的这种特性，使得社会交往中人与人之间产生了排斥和矛盾。

家是亲属间社会交往的主要空间，是一个典型的私人空间，给人提供基本的安全感、保护性以及情感寄托[③]。亲属可以自然地获得进入家空间的权利，而他人则需要获得主人的邀请或允许后才可以进入[④]。当“商业的家”面向游客以后，游客在主人的邀请下进入家里一起短期生活，体验少数民族特有的民俗风情。尽管如此，家空间中仍然有很多空间是对外人有所保留的。例如，傣族人的卧室，有的甚至整个二楼即傣族人的生活空间都是不能进入的。傣族人的火塘，不能随便移动和跨越。主人会限制游客不要随意闯入或破坏傣族传统的宗教空间。主人显示自己对空间占有的方式主要通过标识物区隔和话语直接表达。

傣族人的家以前都是没有门的，后来家里接待游客，来的人多了，虽然他们住在旁边那栋楼里，但是很多游客还是会想看，想进来我们这边看看。有的人会在楼下问一声，有的会喊一喊，有的就直接上来了。我们觉得很不好，就在楼梯口这里装了小铁门，就不用一遍遍跟游客说，（游客）看到铁门就不上来了。（A19，女，43

---

① Barth F. Ethnic groups and boundaries: the social organization of culture difference. Waveland Press. 1998.

② 徐大慰．巴特的族群理论述评［J］．贵州民族研究，2007，27（6），66－72.

③ Dyuvendak W. The politics of home. Great Britain: Palgrave，2011.

④ Walters W. Secure borders，safe haven，domopolitics［J］. Citizenship Studies，2004，8（3）：237－260.

岁，傣族，傣家乐老板，曼景法）

通过观察“傣味××”一楼和二楼的连接处，发现并没有设置阻挡物和提示阻止游客上楼的标识语，但当我表达上楼参观的意愿时，老板干脆利落地回绝了，告诉我傣族人睡觉的房间只能他们自己进去，外人不可能允许进去的。（2015年1月，笔者田野笔记节选）

门是用来被穿越的，或者说是为了穿越某种阻碍而设置了门。从何而穿越，有选择的进入或是出去是作为秩序的表达。穿过门，人会感到环境的变化或空间的转移。内外空间领域的连接与界定表现出门的空间意义，成为界定领域的标志物。在西方对边界的研究中，边界的划分过程或边界的生产过程被认为是占支配地位的群体，通过控制社会空间的设计和使用，来制定他们与“他者”的关系。在我们日常生活实践中，也同样存在着大量“模糊”的边界，这些边界造成了对他者的压迫，隐含了包含（inclusion）和排斥（exclusion）的权力过程[①]。建立边界，即划分出“里面的人”和“外面的人”的身份。这种二元划分表达了划分的维度：“里面的人”被感知为家人、亲近的人或信任的人，而“外面的人”则被认为是混乱、危险和不纯粹的来源[②]。

对于傣家乐，虽然传统的家已转变为“商业的家”，但“商业的家”空间里仍然有私密空间的占有和保护。“家”概念的运用，不仅仅是强调个人与地方的情感依恋，还强化了与外界的对立。为了强化和维护这种身份，铁门外面的人被构建为“他者”、陌生人和“非家人”[③]。铁门或阻挡物作为划界的标志，有助于空间的分隔和身份的确认。传统的傣家竹楼并不需要“门”这个标志物来建构家的感觉，然而现在由于旅游者作为“闯入者”，会随意闯入傣族人作为“家”的私人空间，为了保证空间的私密和占有而设置了门。

① Sibley D. Geographies of exclusion：society and difference in the West［M］. London：Routledge，1995.

② Csikszentmihalyi M，Rochberg Halton. The meaning of things：domestic symbols and the self［M］. Cambridge/New York：Cambridge University Press，1981.

③ Young M. House and home：feminist variations on a theme，in intersecting voices：dilemmas of gender，political philosophy，and policy［M］. Princeton，NJ：Princeton University Press，1997：134－164.

门的设置最初原因并不是针对旅游者这一类“闯入者”，而是针对外界的混乱或危险，例如小偷。“以前这里种些什么花花草草或者树，没有门。芒果、菠萝蜜啊什么的都有，后来都砍了。小铁门是我们自己焊上去的。都怕小偷啊，小偷多啊，我们东西都丢了，在楼底下。摩托也在里面被偷了，被偷了两辆。”（A09，女，30 岁，傣族，小摊贩，曼景法）在一个以家庭房屋作为旅游景观的少数民族村寨，客观上门的设置会阻挡旅游者想要进入参观的需求。因为门的设置或门口的提示语，会宣示“外面的人”似乎是不受欢迎的人。脱鞋上楼的习俗也确实增添了参观游览的麻烦。“村寨里，走到一些傣族人家一楼楼梯口会发现用汉语贴着一张‘请脱鞋后上楼’的标示，我们都觉得去一家就要脱鞋，去一家就要脱鞋，很麻烦，就不想上去看了。”（E01，男，41 岁，昆明人，游客，曼景法）

在“商业的家”空间的重新建构中，边界发挥了重要的作用，保证了家空间的排他性和私密性。划界的行为，即门的设立和标识语的出现，不仅仅是一种行为，更是一种家的空间表征。

在后现代理论中，主体拥有独立意志和自主权力，他者则意味着处于边缘、属下、被压迫和被排斥的境况；主体和他者围绕“谁拥有权力，谁被剥夺权利”互动。空间是任何权力运作的基础，权力则是透过强势群体的空间垄断以及将其他弱势群体排斥到其他空间而表现出来的[①]。

尽管经营傣家乐的家空间已经变成商业化的旅游空间和生活空间的复合体，但在曼景法村的案例中，主人和游客间关于空间的博弈，主人显示出绝对的控制权，并不在意拒绝在此用餐游客的参观要求，以及游客是否高兴愉悦。虽然没有过多标志物来对使用空间进行划分，但主人通过更为直接的话语表达，将游客排斥到私人空间以外，主人对自己的私人空间处于绝对的垄断地位。

2. 主客交往的模式与深浅程度决定其空间边界的清晰度

由于空间占据个体的不同，因而具有唯一性和排他性。空间的这种特性，使得社会交往中人与人之间产生了排斥和矛盾。在家空间的互动中，部分受访者认为游客已经成为家里的一部分，甚至认为游客是朋友，是家人。家空

① Foucault M. Space, knowledge and power [A]. //P. Rabinow. The Foucault Reader [C]. New York: Pantheon, 1984.

间被建构为展示傣族人热情好客，联结原住村民与外地旅游者的一个舒适区域。

当“我”占据某一空间时，“他者”要想介入就必须和先占者协商，这种协商可能是交换、抢占或者是暴力冲突。在“商业的家”空间里表现出来的更多的是主客互动中的交换。基于社会交换理论，其核心是价值间的相互让渡和双方需求的满足，且影响互动双方在社会交往中个体心理和行动的模式。但这里的“利益”和“付出”不仅限于货币金钱上的“获利”和成本，还包括了心理、社会资本和价值观层面上的利益和付出①。因此，Lynch 认为“商业的家”是主人和客人资源交换的空间。而郑诗琳等人（2016）也认为家空间公共区域和私密区域的开放比例，是空间异化和主客互动协商的结果。两篇研究都提及主客互动会对“商业的家”的空间分布和区域划分产生影响。本研究的推进在于，主客交往的深浅程度与交往模式会决定“商业的家”中公共空间的开放程度及其与私密空间边界的清晰度。

傣族原住村民将家空间作为旅游吸引物，是原住村民进行交换的资本，而旅游者方面主要为其带来金钱上的获利和社会资本，例如信息。

> 今天让我印象非常深刻的是 B02，他是一位拉祜族上门到傣族园景区里的傣家乐经营者。我们是快到中午用餐时间到他家的，刚准备上二楼，他就非常热情地下来迎接了。他家里人也非常热情好客，随餐送了我们很多当地的水果如菠萝、香蕉，都不要我们给钱。我们表明来意以后，B02 一直坐在我们桌子边和我们聊天。对于我们在二楼参观的要求也是立即应允，当然除了傣族人的卧室以外。吃饭时还邀请我们一起喝酒，完全不计算这一顿饭需要收我们多少钱才可以收回成本或赚取利润。（2013 年 1 月，笔者田野日记节选）

B02 分享了很多关于家庭旅馆经营的感受，他对于旅游者的到来有自己的理解：“游客来不会打扰我休息啊，很开心的，可以给我们带来各方面的信息，也带来很多经济上面的嘛。不接待客人，我也用不了，也住不完的嘛。没有游客来我们就不可能盖这么大的房子了啊。他们来了也不影响我的生活

① 孙九霞，史甜甜．茶叶经济主导下的社区参与旅游发展——基于社会交换理论的案例分析［J］．旅游论坛，2010，3（3）：299－305.

啊。”（B02，男，39 岁，拉祜族，傣族园公司员工，傣家乐老板，傣族园）

首先，私人空间的让渡能让主人获得一定的经济收益，而深度的主客交往则为傣族原住村民带来了心理上的愉悦。“游客来了，我的生活圈子变大了。不会觉得自己空间变小，大家来了也没什么感觉嘛。”（B02，男，39 岁，拉祜族，傣族园公司员工，傣族园）这种近乎朋友间的交往令“商业的家”的主人更乐意去分享自己的家空间，朋友般的交往也令他们拓展了自己的圈子和促进了更多的文化交流。而由经营带来的丰厚经济收入，则使得主人有能力改善自己的家，让自己的家空间变得更大，硬件变得更好。

其次，深度的主客交往令主人在家也能了解到更多的信息和资讯。有一些游客会为傣家乐主人提供一些商业建议，主人也会根据这些反馈来改进傣家乐的服务、拓展营销渠道和提升自我。深度主客交往的结果是，傣族原住村民可以扩宽自己的眼界，接触到更多外面世界的信息，同时还扩大了生活圈子，接触到更为广阔的外界。

> 我不像他们，我是在电脑里面宣传，像“去哪儿”啊、“游多多”啊、“豆瓣”“马蜂窝”“乐途网”“游侠客”都有我的（宣传）。暑假有大学生来我这里住，昆明的一个小伙子，从国外旅游回来，就在这里住了七天，教我用电脑。我后来做了有一年多，现在开始有点效果了。我是西双版纳城市版版主哦。我在新浪也有微博，带你游版纳，所有的网站只要有旅游版块的，就都去挂。去年接了一个大团，天津理工大学的老师和学生，有 200 多人，通过 QQ 联系上的，我直接在客运站找了 11 张车，分给这家十几个人，那家十几个人，我倒是没赚到钱，傣族园公司给了一点奖励。（B02，男，39 岁，拉祜族，傣族园公司员工，傣族园）

B02 的家空间是一个游客与原住村民交流的平台，他们之间能够自由交流当地的民俗文化、外界的新闻和信息等，同时有些游客还可以给傣家乐的经营者提出一些商业上的建议，如游客教他如何在网络上宣传自己的傣家乐，并取得了一定的成效。所以，对原住经营者来说，与游客分享私人空间就意味着拥有一些旅游商业机会。

“我们以前不会说话的，不会说普通话，客人来的少，讲的少。客人现在来了讲的多了，晚上也在网上给人语音聊天，阿姨不会，就我自己会。”

（C02，男，45岁，傣族，傣家乐老板，勐景来）C02是因为游客的到来，在家这样的空间里，需要用游客的语言才能理解游客，更好地为游客服务，从而学会了普通话。主人通过普通话打开了外面世界的大门，通过网络了解西双版纳以外的世界，用熟练的普通话进行信息交换。在信息不甚发达的西双版纳地区，傣家乐主人将私人空间与游客共享，能获得旅游经营上的回报。主客交往是“商业的家”空间中私人领域与公共领域边界模糊的重要影响因素之一。

大众游客的主客交往模式及较浅的主客交往程度，使“商业的家”中的公共空间与私人空间的边界变得清晰。由于大众游客的增加，西双版纳的主客交往模式发生了改变，大量游客的进入使村民必须扩展住宿空间来满足游客的住宿需求。“前些年景洪也没有太多像样的星级酒店。消费能力一般的团队游客，又想看看传统文化，其实有的也不是真的多感兴趣，就是随便看看，又想住的舒服，带卫生间的房间。‘多哥水’也是我们（旅行社）带他们（游客）去看，吃完饭看完演出，就干脆安排在这里（曼弄枫片区）住。我们旅行社就在这一片（曼弄枫片区）找一些村民盖好的楼整租下来，也好统一管理安排。”（E07，女，26岁，景洪人，导游，曼景法）作为在景洪市区的傣族村寨曼景法，傣家乐的开展较为依赖旅行社带来的团队游客。大众团队游客因为时间和空间的限制，和当地居民发生的交往行为较少，交往的层次也比较浅[①]。

“自己盖的宾馆。去年主要是包给旅行社，包了两年。人家会管。旅行社自己找来的。包给旅行社两年大概就是十多万元。”（A08，男，49岁，傣族，宾馆老板，曼景法）基于团队游客追求方便、舒适、价格便宜，且相对安全等消费特点，景洪的地接旅行社就近整租下曼景法村寨里的村民房屋。作为企业，旅行社之间的竞争很大程度上是价格的竞争，而价格又取决于成本。在城市里的民族村寨中直接整租接待旅游者的客房，就可免去预订酒店、淡旺季价格波动、酒店满意度等一系列问题。

“那种住在傣族人家里的，不好安排，一个团队那么多游客，这个家里安排几个，那个家里安排几个，不同家里条件又不一样，住在这家的觉得厕

① Evans N H. Tourism and cross cultural communication [J]. Annals of Tourism Research, 1976, 3 (4): 189 - 198.

所没有住在那家的干净，住在那家的觉得床没有住在这家的睡着舒服，我们不好处理，太多问题了。这种一栋的承包个几年，钱也是按照合同一次和老板签几年给，房间都在一块，也都一样，就简单了。”（E08，男，32 岁，勐海人，导游，曼景法）其实这种在原来傣族原住民自住家屋旁新建房子的方式，反而弱化了主客交往的程度，强化了“商业的家”中公共空间与私人空间的边界。

为了满足游客求新求异和了解当地文化的旅游需求，傣族原住民将原本私密的家划出一部分空间作为公共空间与游客共享，甚至短暂地让游客私有化（带门的客房），这是主客互动导致空间异化的结果①。但主客互动的结果是根据其交往模式和交往的深浅程度而决定的。较深的主客交往会弱化家中公共空间和私人空间的边界，因此家中公共空间和私人空间的重叠地带较多；但受到主客交往模式的影响，较浅层次的主客交往会令家中公共空间和私人空间的边界清晰化，游客更多地在主人划出的固定区域内活动，从而制约了主客交流，主客间的文化距离较远，社会边界更为清晰。

3. 旅游参与模式引导“商业的家”空间边界的再划分

在西双版纳州，传统民族村寨中的原住居民通过多种模式参与旅游商业活动，例如自发参与或村委会与旅游公司合作。原住居民与游客之间的物理边界和社会边界会受到不同旅游参与模式的影响，其“商业的家”中的公共空间和私人空间边界也因此发生了改变。

在傣族园景区和勐景来景区，“商业的家”中的边界相对模糊，主要是由于这两个景区采用“公司 + 农户”的发展模式经营。此经营模式将村寨整体规划。发展景区的同时，也让原住居民分享到旅游业带来的成果。这种类型的景区以原住村民自身拥有的资源为基础，以干栏式建筑、自然环境、少数民族文化、宗教、节庆等内容为主要吸引物。为抢救和保护傣族干栏式建筑，傣族园公司把保护傣家竹楼列为工作的重中之重，先后制定了《傣族园景区干栏式建筑保护与建设管理暂行规定》《保护干栏式建筑的具体措施和办法》《傣族园的发展给景区村民带来的利益》《傣族园的发展模式——公司加农户》等保护办法和奖励机制。此外，还坚持长期做村民的思想工作，扶

① 郑诗琳，朱竑，唐雪琼．旅游商业化背景下家的空间重构——以西双版纳傣族园傣家乐为例［J］．热带地理，2016，36（2）：225 - 236.

持傣家乐，计划建盖傣家新居等。据统计，从2004—2007年，先后多次对景区内村寨新建盖傣族干栏式建筑的97户示范户进行公开奖励，每户给予4 000元保护基金，补助金额392 000元①。2007年以来，傣族园异化建筑越演越烈。据不完全统计，截至2008年5月31日，景区异化建筑面积达到20 226.74平方米②，接近总面积的1/4，而且许多村民仍在计划建盖洋楼，异化数字还在不断攀升。“这个房子（正在新建的傣族干栏式房屋）花了80万元，一根柱子3 000元。因为房子是我们傣族的房子式样，所以傣族园给补贴，15 000元。”（B15，女，46岁，傣族，傣家乐老板，傣族园）2009年，傣族园公司将干栏式建筑保护补偿费从4 000元增到了15 000元，并表示随着今后经济的发展，还会对保护干栏式建筑或新建干栏式建筑的村民上调补助费。

> “这回我们将园内的干栏式建筑保护费增加了近4倍，随着今后经济的发展，我们还会上调补助费。一方面是照顾到村民的亲身利益，想尽办法为他们增收；一方面说明了我们保护传统文化的坚定决心。今年，经过办公室、民族事务部的综合评定后，我们确定了2008年的11户干栏式建筑示范户，并进行了干栏式建筑保护补偿费的发放。”傣族园负责人说。③

随着傣族园景区的发展，村民们逐渐意识到傣家竹楼、庭院环境等是吸引旅游者前来的重要因素。游客带来的门票收入，直接影响村民每年获得的门票分红，而游客是否能留下来在村寨内用餐住宿和购买旅游商品，直接影响到村民的旅游收入。当村民意识到吸引旅游者到此参观、用餐和住宿的资源，正是自己的传统干栏式建筑、日常生活、民族文化等，就会尽量保护和维持自己的民族传统文化来作为旅游吸引物接待游客。

勐景来景区对于村寨内村民重建房屋的工作一直实行统一管理，主要由公司与村委会干部进行沟通，再由村委会干部与村民直接商议。主要原则为保持傣楼外观风貌，内部空间和设施可适当调整。村民无法自主决定新建一些与傣族建筑景观不符的现代建筑来增加游客接待量，傣家乐的活动仅限制

① 资料来源：傣族园公司。

② 资料来源：傣族园公司。

③ 西双版纳旅游网：《傣族园干栏式建筑补偿费增加近4倍》节选，2009年3月14日。

于他们原来的家里，因此他们主客交往的频率较高，交往也较为深入。

这些受到旅游公司管理的景区内的“商业的家”空间，公共空间和私人空间被控制在一定范围内，主客交往较为频繁，主人自愿或非自愿地将部分私人空间共享为公共空间，因此公共空间和私人空间的边界是相对模糊的。

在曼景法村，当政府主导下的村寨整体规划和改造完成，基本退出村寨旅游发展的主导地位以后，村寨内原住民便自发参与到旅游商业活动。“这边的房子（宾馆楼）是今年（2014 年）刚盖好的，这边（自己的住房）有四五年了，村里统一改造时就盖好了。这边接待游客的都是标间，里面电视机、空调全部都有。有些游客太吵闹了，晚上回来得又晚，说了他们又怕以后不来了，没生意，现在分开了就好了，他们（游客）随便几点回来，反正也不会到我们这边来。”（A20，女，56 岁，傣族，傣家乐老板，曼景法）原住居民不愿意跟游客共享更多的家空间，既想通过提供民族“商业的家”获取经济收入，又不愿意与游客有过多接触和交流。在自发参与旅游活动的“商业的家”中，主人主导空间的权力更加广泛，其家中空间边界相对清晰。

不同的旅游参与模式，使原住村民和游客有不同的交流和互动方式。在管理公司、村委会及其他多种利益相关者的促进和制约下，原住村民对家空间的边界存在不一样的理解和认知。在自主发展参与旅游的模式中，村民的生产生活方式更加多元化，对旅游业的依赖性相对较低，受约束和控制相对较少。这使得在空间和时间上，原住村民与游客共享自己家空间的意愿也不尽相同。在条件允许的情况下，原住村民在经济利益驱动下，更希望新建另外的房屋来接待游客，既能满足游客对现代化设施（如独立洗手间、电视、空调等）和私人空间的需求，也能接待更大规模的游客团体。

4. 少数民族宗教信仰与游客失序行为的冲突控制其开放空间的边界

主客交往和旅游参与模式在一定程度上影响傣族村民对家空间边界的再划分，但虔诚的宗教信仰和少数民族的习俗则严格规限其空间边界。此边界非常清晰地划分了傣族村民家中的私人空间和公共空间。

首先，少数民族宗教信仰与生活习俗控制其开放空间的边界。在傣族宗教禁忌中，进家门时，忌到楼口不脱鞋；进屋后，忌用脚跺地板。忌倚靠室内中柱上，亦忌挂物于中柱上。火塘不能随便移动，包括支锅的三块石头也不能随便更换；任何人不得从火塘上跨过，以示尊重和敬仰。傣家火炕旁一般是家长的床铺，禁止随便乱坐。卧室是不容许外人窥看的，若主人发现外人窥看主人的卧室，男人就要做主人的上门女婿，或到主人家做三年苦工，即使是女客人也要到主人家服役三年。因此，游客无论到傣家参观或做客，千万不要因神秘感而窥看主人的卧室。虽说现在已打破了过去的俗规，但窥看傣家卧室始终是不受欢迎的行为。很多傣家乐二楼属于傣家习俗中私人的空间，过去因为村里的居民都了解这一风俗，约定俗成地不进入他人家中的二楼。“有些游客来，看见家里面的（木质构造），就会去摸摸墙，敲一敲，用脚跺楼板，说木头真是好，有的还会去摸一摸家里的木柱子，靠着客厅里的中柱。这些对我们都不好的，不能在家里跺地板，客厅的那个神柱是不能靠在上面，也不能有东西在上面的，对我们主人家特别不好。”（C05，男，53 岁，傣族，赋闲在家，勐景来）

家空间里主客互动发生冲突以后，必定会寻求解决办法。对主人来说，重新确定活动的边界就是方法之一。由于很多游客，特别是大众游客并不十分了解傣族的宗教禁忌和生活习俗，所以现在傣族村民，会在家里的楼梯中设置一道小铁门，或是通过标识语来提示。这道门或标识物就是一种公共空间与私人空间的边界。

其次，“他者”——游客的影响。他者的影响主要包括旅游者的行为和需求。旅游服务是以游客需求为导向的，我们常常把旅游活动目的归纳为“求新，求逸，求知”，简单而概括地指明旅游者的目的特征。随着现代旅游业的发展，旅游者类型愈发丰富，并不是到西双版纳来的旅游者都像早期的背包客旅游者一样，喜爱在傣家竹楼客厅打地铺。越来越多的旅游者希望既追求民族文化的真实性，又能有一个舒适安逸的旅途生活。“我想住在傣族园这样的村寨当中，听着鸡鸣鸟叫起床，去路口吃碗米干，每天去曼春满大佛寺拜佛，下午去泼水广场看看泼水表演，晚上坐在傣家竹楼的一楼和朋友吃零食闲聊。但是我也希望晚上能有淋浴，能洗个热水澡，有舒适柔软的床铺。并不想住那种卫生条件不佳，需要用公共卫生间的那种房子。”（E02，女，28 岁，湖南人，游客，傣族园）“我们是湖南来的，我们七八个家庭约着一起来的。像我们在这里要住一两个月啊，在这里过冬天啊。我们这种老年人，肯定要住的舒适一些，不可能去打地铺，身体也受不了。要有独立的卫生间，方便洗澡上厕所。”（E03，男，60 多岁，湖南人，游客，傣族园）这也正印证了现代性所固有的结构性的好恶交织的反应和体现。一方面，旅游反映了人们对现代性的“恨”“恶”或“厌”的一面，是对现代性的某种无声的批评和不满。因此，旅游表现为对现代生存条件下的人际关系异化、生活程式化、都市环境的劣质化、精神空虚化等伴随现代化而来的负面后果的暂时性、周期性的逃避和解脱①。另一方面，现代性又带来了诸如交通、通信等基础设施的发展，可支配收入和时间的增加，旅游产业化带来的旅游产品及种类的增多，旅游条件的日益便捷、方便和舒适等。

正因为旅游者对舒适生活的旅游需求，催生了傣家乐经营者对家的内部空间进行改造，以满足旅游者需求，吸引更多游客。傣家乐主人在保留傣族的生活方式和习惯的前提下，对游客居住的空间进行主流文化的房屋布局改造，自然就对主人和游客使用的空间进行了区隔。

最后，旅游者的不文明行为或不合适行为也是造成主人对家空间进行划界的重要原因。从旅游文明的角度看，现代旅游发展史就是一部旅游秩序建立和不断重建的历史，从旅游目的地景区、公园、博物馆等休闲旅游场所制定的各种游客须知或守则，到世界旅游组织制定的《全球旅游伦理规范》，无不体现了社会建立稳定旅游秩序的不懈努力②。

然而，在民族旅游地，入住的少数民族家中，并没有详细的游客守则或规定。这种情况下，文明旅游完全依赖旅游者本身。旅游者不仅要了解旅游秩序，更重要的是要了解目的地的社会生活秩序，也就是对我们所说的“入乡随俗”中的“俗”的了解，在此基础上产生对秩序遵循的意愿和自觉。“到这里来之前，我并不知道住在傣族人家里有些什么讲究，哪里不能进去，哪里不能坐之类的。在寨子里看见小孩很可爱就想去摸摸，根本不知道小和尚的头是不能摸的。”（E05，女，22 岁，四川人，游客，勐景来）“导游带我们来这里参观，买银器，看见村里那些傣族传统房子就想上楼看看，导游说只能在外面看看，不能上去，傣族人睡觉的房间特别是小姑娘的房间是不能去看的。”（E06，男，36 岁，天津人，游客，曼景法）例如，E05 和 E06 并不了解当地风俗，与主人同处在家空间中，免不了会触犯各种禁忌，产生主客冲突。

旅游指为了休闲、商务或其他目的离开他/她们的惯常生活环境，到某些

① 王宁．旅游、现代性与“好恶交织”——旅游社会学的理论探索［J］．社会学研究，1999，(6)：93－102.

② 夏赞才，刘婷．旅游何以与文明有关：从鲍曼的旅游者隐喻说开去［J］．旅游学刊，2016，31（8）：1－3.

地方并停留在那里，但连续不超过一年的活动[①]。旅游者在日常生活中已经形成一套稳定的行为模式，但进入旅游地这种“非惯常环境”后，也渴望着生命本性的满足与表达，这很容易造成旅游者行为失序[②]。

> 有些游客在外面玩得很晚，我们都睡了，回来家里的时候上楼声音很大，大声地笑啊、跑啊，声音很大，我们也睡不好，也不好怎么说他们，因为他们给了钱住在这里，说了他们怕（他们）不高兴，以后（游客）也不愿意来我们家住了。现在他们（游客）住在旁边一栋，他们随便几点回来我们也不管了，也不会上我们这里来，随便他们怎么（闹）。我除了白天打扫卫生去那栋楼，平时我也不会去的。（A20，女，56岁，傣族，傣家乐老板，曼景法）

> 不好的就是，游客来家里吃饭，很多人（游客），喝酒啊，喝得太多了，吐啊喊啊，弄得（家里）都乱了，要去打扫，很不喜欢的。（C06，女，29岁，傣族，在家帮忙，勐景来）

根据身体类型学的分析，旅游需求分为基本层次的具身需求、体验层次的具身需求和存在层次的具身需求[③]。一般而言，旅游体验会涉及对身体位置和姿势感知的本体感觉，即建立在具（体）身（体）感知之上。对很多旅游者来说，民族旅游地的深入体验，仅仅观看和拍照是不够的，与地方的亲密接触才是建立丰富的和有意义的体验的重要方式。旅游地“应该被理解为身体进行生活、尝试和欲求的地方，一个具身的乌托邦和非话语的愉悦（non-discursive pleasures）的地方”[④]。当这种具身需求得不到满足，其感性冲动会驱使旅游者做出一些外界认为不合理的行为。

对傣楼一楼进行改造，或另外扩增一栋连着主人家房屋的房间，甚至干脆在自家院落里另盖一栋专门的房屋，用以接待游客，使家中的界限重新清

---

① 资料来源：世界旅游组织和联合国统计委员会。

② 樊友猛，谢彦君．具身欲求与身体失范：旅游不文明现象的一种理论解释［J］．旅游学刊，2016，31（8）：4－6.

③ Pons P O. Being-on-holiday tourist dwelling，bodies and place［J］. Tourist Studies，2003，3（1）：47－66.

④ Shelley Mallett. Understanding home：a critical review of the literature［J］. The Sociological Review，2004：63－89.

晰起来。

（三）“商业的家”中私人空间与公共空间边界的清晰度

家的功能和使用非常复杂，它作为一个固定的住所，抑或是一个生活空间，与人、地方和事物发生着相互作用①。笔者在调研过程中发现，傣家乐对家空间的利用中，主人让渡部分私人空间用作住宿、餐饮和娱乐的接待，但作为家屋主人，他们对家中私人空间和公共空间的边界认知并不一致，模糊和清晰的边界在不同情境下均有出现。

1. 边界相对模糊

有的原住村民对家的界限认知相对模糊，或处于过渡阶段。主要表现为：利用客厅接待游客，将自己所居住的二楼空间与游客共同分享；对自己居住的二楼进行房屋改造，提供少量房间接待游客；将原来空置的一楼改建为房间或餐馆接待旅游者。

第一种，利用客厅接待旅游者。主要出现在傣族园景区的早期阶段和现阶段的勐景来景区。“游客来了就住客厅啊。过年的时候还有老外来，好多人睡在客厅，他们觉得很好玩呢。我们也觉得还好啊，就晚上回来睡睡觉，白天都在外面玩。”（C04，男，41 岁，傣族，傣家乐老板，勐景来）2002 年左右，傣族园景区经营傣家乐的村民，主要是利用自家二楼的客厅空间，用打地铺的方式接待游客。“以前房子小，游客住在客厅。游客说很好在很好在，还很喜欢。他们会觉得影响（我们），但没办法啊，没地方住啊，想挣钱啊。”（B05，女，40 多岁，傣族，傣家乐老板，傣族园）当时的游客来到西双版纳，都想体验地道的傣族人生活，因为傣族人本身不睡床，睡在地上，所以大部分能够接受和希望有多样化体验的旅游者会选择住进傣家乐。居民原有的私人空间如客厅、厕所、展台和厨房等转变为和游客共用的空间，仅保存卧室为私人空间。

B05 是傣族园景区正在新建房子的居民，笔者 2013 年 1 月去调研时，她家的房子已经基本成形，在做一些简单的装修，准备迎接游客。她家早期就是利用客厅空间接待游客，大部分游客很喜欢这种居住体验方式，而村民却觉得影响了自己的生活，但由于经济收入的吸引力，还是选择和游客共用空

① 亨利·列斐弗尔．政治与空间［M］．李春，译．上海：上海人民出版社，2008：139.

间。随着家里经济条件好转，村民仍然选择重新建盖房屋，虽然房屋的外观保留干栏式建筑风貌，但内部却增加了很多间客房，以分隔主人和游客的空间使用。

“以前也做啊，我1997年左右就开始做，但是不正规，有人来就吃一下，没人就算了。以前人很少的。以前也可以住，游客就住在客厅。就在这里吃饭（二楼），现在你们吃饭的这里吃啊。如果游客只有两三个人，就和我们一起吃饭。不觉得影响我的生活啊。”（B13，男，43岁，傣族，傣家乐老板，傣族园）B13是曼乍村村民，傣族园景区还没正式营业的时候，他就和他家的亲戚一起经营傣家乐，但是不正规，营业的时间和方式都很随意。住宿的房间是在二楼客厅，主人和游客共同使用。但B13和B05不同，他很习惯于和游客共同使用客厅空间，并不认为影响到家庭私人生活。到目前为止，B13家的傣家乐餐饮接待都仍然放在二楼客厅，保持和游客共同分享。访谈当日，笔者选择了在B13家用餐，因为当天中午仅有我们一桌客人，他就一直在桌边陪我们聊天用餐。厕所这类相对隐私的空间，在他家也存在共用的情况。

“厕所就在二楼，是和游客共用的。如果客人需要用，我们都让给客人用啊，我们去楼下用或者去傣族园的公共厕所，也没什么不方便。”（B14，男，35岁，傣族，傣家乐老板，傣族园）B14家利用二楼客厅进行餐饮接待，对于就餐游客上厕所的问题，他家并没有在二楼单独修建游客用的厕所，而是直接让游客使用主人家在二楼的厕所。甚至在自己和游客都需要方便的时候，还会选择让游客使用，自己则去景区的公共厕所解决。这就出现了主动出让私人空间，转化成公共空间的情况。

第二种，对主人家居住的二楼进行房屋改造，提供少量房间接待旅游者。这种类型主人家觉得接待游客影响自家生活，同时游客想体验傣族原住民的生活，但又不想住客厅，希望改善住宿条件。“（新盖的房子）住的，住在里面，住在里面干净。一楼和二楼都盖了房间，游客来都可以住。楼上楼下都有厕所，都可以用的。现在无所谓，不影响，因为扩大了，空间大。”（B15，女，46岁，傣族，傣家乐老板，傣族园）B15家里正在盖新房，房屋结构仍然是木质傣楼，基本到了收尾阶段，还有零散的工人在施工。新建的房屋一楼和二楼都设置有接待游客的房间，主人家选择和游客在二楼住宿，只用房间进行区隔。她认为整个房屋的空间变大，而且用不同房间进行分开，不会对自己家人生活造成太大影响。这是利用空间区隔的方式来完成“商业的家”空间私密性的建构。

“我们家房子盖得早，跟人家不一样，以前的房子更封闭，二楼是封起来的。楼上5间客房，一共可以住20个人。原来的房子都不做饭的（不做餐饮）。反正自己住的和游客是分开的，游客多的时候也已经习惯了，也就是黄金周和过年的时候那一段时间。客人进去客厅，就是看一下，看看就走了。他们除了在这里睡觉，就都出去玩。”（B16，女，60多岁，傣族，赋闲在家，傣族园。B17，女，30岁，傣族，傣家乐老板，傣族园。B16和B17为母女关系）B16和B17家在重新翻修房屋的时候就改变了传统房屋的平面格局，虽然主人和游客都在二楼居住，但是通过长廊把主人的房间和接待游客的5间房隔开了。不限制游客进入客厅，但很少有游客使用客厅，所以客厅基本又还原成了主人的私人空间。对于短期游客爆满后家庭空间带来的改变能够接受，也很少和游客有更多的空间分享。

第三种，将原来空置的一楼改建为房间或餐馆接待旅游者。传统傣家竹楼的一楼一般是养牲畜，但随着时代发展，也不养牲畜了，就都空置出来。有的堆放杂物，有的做车库停车等。有部分傣族人家就把闲置的一楼收拾出来，进行简单的改建，作为餐饮或住宿接待场所。

“傣味××”是曼景法村内两家本村人经营的傣家乐之一，由兄妹两家一起经营，主营餐饮。通过对店内的观察，发现基本上餐饮的设施都集中在一楼。访谈当日，兄妹两家人都出去采购白天需要的食材了，主要是跟兄妹俩的母亲和她的好朋友了解相关情况。

“（二楼）我们自己住，吃饭都在一楼。他们（游客）来吃吃饭就走掉了。我们这里不住的（不接待游客住宿）。有一些游客会说想去二楼参观，我们不让去，人多的怎么让去啊？他们去（二楼房间里）就会乱掉。外人不行，我们自己不让，房间我们自己住，睡的（地方）不让人进去。现在一楼有游客专门用的厕所。”（A05，女，60多岁，傣族，傣味××老板，曼景法）A05的家空间已经划分出了主人与游客各自的使用空间，主人家的二楼空间游客是完全不能进入的，就算游客出于好奇心想参观，也会被主人拒绝。游客的活动和使用空间仅仅在一楼，包括厕所。主人家不希望游客进入自己的私人空间，希望保持自己家的私人空间，而不被游客弄乱。

2. 边界相对严格

有的傣族原住村民对家中的空间边界有清晰的认识，主要分为两种形式：一种是在傣楼老房子旁扩建紧紧相连的住房空间用于接待游客；另一种是在院落内自己居住的傣楼旁边新建一栋傣族建筑或现代建筑用于接待游客，这种情况主要出现在曼弄枫村委会下辖的村寨曼景法。

“岩×农家园傣味楼”是曼景法村除了“傣味××”以外，另一家由本村人经营的傣家乐，是2008年曼景法村改造完成后开业的第一家傣家乐，主要由前院、宾馆、餐饮楼和休闲区构成，营业时间相对固定，从早上8：00到晚上10：00。接待游客用的宾馆是在院落内单独修建的一栋外表为傣式建筑的三层木楼，内部均为现代装修的标准间。餐饮接待在院落内另一栋改建过的傣楼里（见图26），主要集中在一楼用餐，并在一楼改建了储藏室和棋牌室。用餐游客增多时，也会在二楼增设用餐设施。

（1）岩×农家园傣味楼餐饮接待区

（2）岩×农家园傣味楼餐饮接待区

图26　岩×农家园傣味楼餐饮接待情况（2015年拍摄）

“我家是这里第一家开的（傣家乐）。2005年左右村里开始改建，差不多2008年建好以后就开业了。家是村里统一建的，这个餐厅和宾馆是我们自己建的。一楼全部是餐厅，楼上是员工住宿，也可以摆桌子（接待游客吃饭）。那边一楼房间是麻将室和储藏室。”（A07，男，36岁，傣族，岩×农家园傣味楼老板，曼景法）A07是将主人的家空间与傣家乐商业经营的空间完全分隔开来，游客的活动空间包括餐饮楼、宾馆楼和休闲区。在2005年曼景法村进行改造时，主人就已经对空间布局做了这样的设计和安排。餐饮楼二楼主要是安排为员工住宿，但可以看出该空间的使用随意性强，当一楼空间不够使用时，就会把二楼原本属于员工的住宿空间摆上桌子接待游客。

“这种（汉族楼房）宾馆盖好大概100多万元吧，自己有土地，七八年左右能收回本钱。盖了3年了（2011年左右），不是很久。我们自己还是住这样的房子（老式傣楼），在那边。我们以后要依靠这个宾馆吃饭了，他们（游客）要住有厕所的。我们自己喜欢住老房子。我们（宾馆）一共有21间房，都是标间，带空调、电视机、马桶的。”（A08，男，49岁，傣族，宾馆老板，曼景法）A08家也是与接待游客用的宾馆区隔开来，主人家仍然住在旁边傣楼内，新建的宾馆和普通宾馆外观与内部没有太大差异，跟少数民族文化几乎没有关联，统一的标准间装修，配备空调、电视机、淋浴、马桶等设施。政府对于居民房屋的新建也没有太大的限制，划定的外线以外的区域可以随意建盖高层房屋，只有外线以内限制层高 2 层。

“去年主要是包给旅行社，包了 2 年。人家会管，是旅行社自己找来的。包给旅行社两年大概就是 10 多万元。”（A08，男，49 岁，傣族，宾馆老板，曼景法）A08 家和游客接触很少，在过去 2 年里，他直接把宾馆出租给了当地的旅行社，由旅行社直接付给他年租金，他也不参与宾馆经营管理。A20 家也是典型的代表。

> 这边的房子（宾馆楼）是今年（2014 年）刚盖好的，这边（自己的住房）有四五年了，村里统一改造时就盖好了。这边接待游客的都是标间，里面电视机、空调全部都有，平时呢人少点，120 元一天。过年过节，像泼水节的时候，就要 600 元一天。（A20，男，56 岁，傣族，傣家乐老板，曼景法）

> 我家大儿子在庙里当佛爷，小儿子、媳妇都和我们在一起，中间这个老房子我们自己住，他们住在旁边这个房子（平房）里。（A19，女，43 岁，傣族，傣家乐老板，曼景法）

A19 和 A20 是夫妻，A20 家由一个院落里的 3 栋房子组成，进门左边是普通的平房，正中间是第三代傣楼，右边是外表为傣式建筑的 6 层楼宾馆。A20 家住的傣楼是 2008 年左右村里统一改造时修建的，平房和宾馆楼是 2014 年修建的。宾馆除了外观借用一些傣族建筑的景观，内部都是现代宾馆的构造，用于接待游客。平房供小儿子和儿媳妇居住，在主人家的允许下，在窗边观察了一番，与汉族房屋布局无异，客厅里摆放有沙发、组合柜、茶几和电视机，卧室里有床和高大的衣柜。A19 和 A20 老两口住在中间傣楼的三楼，内部也是现代格局，有卧室、厕所、厨房和客厅。“这里我们要搞一个柜台（平房靠门的一间），摆摆烟、酒、茶叶那些，就像餐厅和宾馆接待的前台一样。我们住这个三楼（正中间老房子）。要是有游客住了，就去（宾馆）打扫打扫。”（A19，女，43 岁，傣族，傣家乐老板，曼景法）A20 家将主人和游客的使用空间划分开来，游客住宿都在单独的一栋宾馆里，互不影响。主人除了收拾房间、打扫卫生以外，也不到宾馆里。在靠近院落大门附近的房间设置前台，增加区域是为了更方便为游客服务，这个区域的设置习得汉族的空间设置。可见，旅游发展到一定阶段，家又回归到原有的居住功能和私人空间，而游客接待又设置了专门的空间。

四、“家”空间到“商业的家”空间商业化过程中各主体间的互动

从家空间到“商业的家”空间演变过程中，旅游参与各主体通过对物理空间的实践、占有和博弈来构建社会空间，社会交往和自我实现得到发展。物理空间的实践构建了独具意义的社会空间，这种建构建立在与其他人互动和与空间环境互动的基础上。“商业的家”的空间演化成了多元利益争夺及协商的结果，各参与主体在空间建构中的角色定位与干预行为成了一个重要议题。

（一）“商业的家”的主人

空间是一种工具，服从于权力。同时，空间也是一种资本，每个空间都有其主体，空间的转变主要表现在空间主体的权力和意志上①。在“商业的家”这种微观层面的空间中，透过日常生活的实践、行事方法等，来揭示权力博弈和行动策略。日常生活的“实践”就是作为实践主体的人在各种错综复杂的场所中，在各种机制力量、具体欲望、特定环境之中，小心翼翼地探求各方面的微妙平衡②。

研究发现，“商业的家”空间的重构中，主导权仍然掌握在“商业的家”的主人手中，在家空间的设计、布局、分配、拓展、功能的变化，私人空间和公共空间的转换中处于绝对的优势。例如，曼景法村在以发展少数民族旅游特色村寨为导向下进行房屋改造过程中，州住建局、西双版纳旅游度假区管委会、曼景法村小组和村民、昆明理工大学绿色乡土建筑研究所为更新实践参与主体。虽然房屋建造材料、平面空间设计和布局以及外立面造型设计都发生了巨大变化，但在多套备选方案中，最后仍然由当地村民投票选取最

---

① 吴飞．“空间实践”与诗意的抵抗——解读米歇尔·德塞图的日常生活实践理论［J］．社会学研究，2009（2）：177－246.

② 米歇尔·德·塞托．日常生活实践［M］．方琳琳，译．南京：南京大学出版社，2009.

终的建造方案。

战略与战术代表着拥有权力的强者与弱者，强者运用策略，以分类、划分、区隔等方式来规范空间。战略就是日常生活中独立的体制或者结构，它要求在特定的场合中呈现合适的、符合规范的行为和举止①。空间的使用和区隔与“商业的家”的主人利用家空间所能获得的经济收入密切相关。本书案例中，在村寨旅游发展的早期阶段或经济条件不允许扩建房屋的时期，“商业的家”的主人尽管已感知到与游客共同分享私人空间会带来诸多不舒适感和不方便，但出于对经济收入的追求和期待，仍愿意对家空间的分享做出妥协与退让。从某种程度来说，在民族地区的村寨中，出让家空间的经济利益多寡和对家庭经济贡献的重要程度决定了其私人空间的出让程度。当然，出于宗教信仰、民族习俗等原因，这种空间出让仍然有一定的底线，如傣族未出嫁的女儿房，外人是绝对不能进入的。

旅游者外出旅游，特别是到少数民族地区，存在求新求异的心理。在“商业的家”的饮食空间重构中，主人与游客的空间协同使得主人的权力控制和游客的有限选择成为可能。在案例中，主要体现在傣家乐的语言、氛围和菜品三个方面。饮食空间的重构在短时间内让游客体验到少数民族地区的传统民族文化，即“商业的家”空间中有意义的地方。

居住空间、饮食空间和娱乐空间的展演功能所产生的效果，则主要与“商业的家”的主人的品位、价值观、审美观相关联，在某些空间范围内可能与游客发生认同与审美上的冲突。案例中，主人与游客对客厅照片墙上悬挂猎物头骨的看法并不一致，主人在承认自己出让家空间进行旅游商业活动的情况下，同时也坚持这仍然还是自己的家，自己有权力决定家中的器物设置等。

（二）旅游者

旅游者凝视对家空间到“商业的家”的空间演化具有重要指向作用。游客的凝视即是对该“地方”的一种无形而抽象的作用。在这种作用下，旅游地的原住村民会迎合旅游者的诉求来进行空间的改造，以获得更多的经济

---

① Urry J，Larsen J. The tourist gaze 3.0［M］. London：Sage，2011：98.

利益①。

旅游者对民族地区“商业的家”的空间诉求主要体现在两个方面：传统民族文化的体验和舒适性的追求。当旅游者来到民族地区，在住宿和就餐上并没有选择大众化的酒店与餐厅，而是选择住在少数民族村民的家中，就是希望在家空间里有更多、更深的主客交流，能感受和体验原生的传统民族文化。从旅游体验的角度来看，旅游者到民族地区村民家中住宿、餐饮和娱乐消费的本质是对“地方”的消费。在消费社会里，物品要成为消费对象，就必须成为符号②。“用目光搜寻（或消费）的是旅游地的文化、历史、物质环境等的各类视觉符号，并通过照片、明信片、电影等表达自己对这些符号的理解。”③ 村寨原住居民认识到以傣家竹楼为代表的傣族符号可以作为消费品，获得经济效益。傣家乐的产生也意味着传统的家空间演变为生活与生产复合的空间，其中的边界至此慢慢消解。

旅游者和村寨原住村民之间“看与被看”的关系，喻指现代旅游本质上是一种“权力凝视”④。游客凝视使得“商业的家”中的某些事物具备了地方意义，并促使“商业的家”空间生产出更多的符号。为满足游客凝视需求，除了傣家乐中主人日常生活的真实体现，仍然会设置一些“文化符号”。旅游者知此并非“客观真实”，但仍为“窥视欲”得到满足而兴奋，“商业的家”的主人自然也从中获益。正是基于这样的诉求，傣家乐的主人大都会将家空间中游客的私人空间和主客共用的空间，如客厅、院落、餐厅、前廊、晾台等进行民族文化的设计和氛围营造，以此作为吸引游客前来消费的资本。在这种文化展演和营销的同时，也在不断强化“商业的家”的主人对自身身份和文化的认同。

为了满足旅游者对傣家乐的居住、用餐和娱乐空间舒适性的诉求，“商业的家”的主人也会尽力改造家空间，以适应游客需求。如，从客厅大通铺到单独房间的设置、房间单独配备卫生间设置，等等。当然，这也满足了“商业的家”的主人对现代性的追求。当旅游带来的经济收入达到一定的水

① 刘丹萍．旅游凝视——中国本土研究［M］．天津：南开大学出版社，2008：38.

② 让·鲍德里亚．消费社会［M］．刘成富，全志钢，译．南京：南京大学出版社，2008：60.

③ 刘丹萍．旅游凝视——中国本土研究［M］．天津：南开大学出版社，2008：38.

④ 黄其新．乡村旅游：商品化、真实性及文化生态发展策略［J］．西北农林科技大学学报：社会科学版，2014，14（4）：133－136.

平时，“商业的家”的主人大都会选择扩大和区隔家空间，在旅游者全面“凝视”下采取避让但不逃离（they escaped it without leaving it）的策略[①]，在尽量保护主人家私密性，带来更加舒适的生活环境和空间的同时，保证旅游经济收益的获得。

（三）旅游外来资本

除了“商业的家”的主人和旅游者对“商业的家”的空间演化进行主导和指向作用外，对于“旅游企业+村民”合作类型的村寨，旅游外来资本的助推作用不可小觑。旅游外来资本主要通过经济补贴与奖励、培训指导和空间展演设计两个途径来展示对家空间重构的微妙权力。

在傣族园景区，傣族园公司为了更好地保持傣族干栏式建筑的整体风貌，更好地吸引游客，同时又能提高村寨居民的生活环境和生活水平，对翻修或新建房屋仍然保持傣族干栏式建筑外部构造的村民给予经济补偿。目前具体做法是以户为单位给予1.5万元建房补贴[②]，给予每户村民3 000元/户的厨房、卫生间改造费用，并免费提供傣家院落的花盘、花苗、技术、培训指导等。在“商业的家”的空间重构中，旅游外来资本作为助推器将傣族的家空间当作旅游商品，使其以流通和增值的模式来进行空间改造，其途径主要是通过物质空间和精神空间来实现空间变化。

文化展演展示了值得人们关注的传统民族文化。人们可以通过表演了解文化展演中蕴含的内容。文化展演具备浓缩性的特征，因为文化展演都是在较短的时间内表达出传统文化的精华内容[③]。表演是一种交流的方式，参与者通过互动，从而创造、展示意义[④]。展演式的空间实践是原住民与其他人群互动以及与空间环境互动来展示自己，表现自己，寻求认同和自我实现，并促使他们表现和寻找更好的自己。

勐景来景区尽管早在2004年就开始发展旅游业，但到目前为止，村民们

---

① De Certeau. The practice of everyday life［M］. Berkeley：University of California Press，1984.

② 资料来源：傣族园公司，且通过村民证实。

③ 杰西卡·安德森，马尔科姆·特纳. 旅游景点的文化展演之研究［J］. 杨利慧，译. 民族艺术，2004（1）：9.

④ 理查德·鲍曼. 作为表演的口头艺术［M］. 杨利慧，安德明，译. 桂林：广西师范大学，2008：5.

仍然保持着闲适的生活状态，割胶、种地，参与旅游业发展。在勐景来景区，原本属于生产方式的慢轮制陶、古法制糖、打铁、傣族织布、酿酒、造纸等，被外来资本进行包装和项目设计，在民族符号向消费符号转变的过程中复合了生产与表演的功能，“商业的家”中原属于生产生活的空间随即转换为可以吸引游客的娱乐展演空间。研究发现，在这种空间转换过程中，“商业的家”的主人并不具有很强的旅游商业意识，以文化展演为主要方式的“商业的家”的娱乐空间形成主要依靠外来旅游资本进行推动。

勐景来村寨中的手工艺文化展演并不同于“天天泼水节”的节庆仪式展演。虽然外来旅游资本对“商业的家”中的传统手工艺制作场所进行了改造，设置了游客参与的项目，但它并不仅仅只是单纯的“旅游表演项目”。例如，景区内的傣族手工造纸，因其传统制作的纸张防水防蛀，可用作油纸伞和泼水节时孔明灯的制作，佛寺当中抄写经文的纸张以及一些现代工艺品的制作，在现代社会仍然能发挥极大作用，所以早早地就被外来商家订购了。在市场实际需求与旅游文化展演的共同作用下，“商业的家”的娱乐空间中的文化展演，使得像慢轮制陶这样的非物质文化遗产保护与传承成为可能。

（四）地方政府

以地方政府为代表的行政管理机构，在民族“商业的家”的空间演化中，主要作用的发挥体现在制度性管制方面，表现为权力话语系统的构建。政府通过政策、规划、资金帮扶等方式，鼓励傣族原住民将家改造成“商业的家”开展旅游商业活动。例如，傣家乐发展的早期阶段，州旅游局对全州第一批旅游特色经营户进行选拔培育。州旅游局开设傣家乐专项发展基金，审批旅游特色经营户，给予挂牌经营，每年进行审核和相关培训。

结　　语

在旅游目的地开发过程中，傣族传统村寨和傣族传统家屋作为景观，吸引旅游者前来旅游。学术界长期关注旅游给旅游目的地带来的经济、社会和文化的影响，认为发展旅游的历史城镇在没有政府强外力和预见性干预的情况下，必定会走向商业化，而地方政府在旅游商业化控制中发挥着重要作用。在西双版纳的傣族传统村寨，在没有地方政府外力强干预的情况下，能够保持适度商业化，持续吸引游客，且没有大量原住居民迁出，没有出现村寨"空心化"的问题。同时，傣族传统家屋虽经历商业化历程，但"商业的家"的经营者几乎都是原住居民。这些现象挑战了学术界惯常的观点，需要进一步的学理解释来帮助我们理解傣族传统村寨和傣族家的旅游商业化。本书实证研究的核心目的就是以位于西双版纳的曼景法村、勐景来景区和傣族园景区为案例，还原不同类型傣族传统村寨旅游商业化的过程，分析产生差异的原因，探讨各旅游参与主体在旅游商业化过程中所发挥的作用；还原傣族传统家的旅游商业化过程，探讨各参与主体在商业化过程中的互动，并讨论边界在"商业的家"空间中的功能和文化意涵。对旅游发展下的傣族传统村寨旅游商业化进行归纳与总结，主要有以下几个结论。

一、旅游目的地能否持续发展与地方政府干预程度没有必然性联系

地方政府在旅游目的地是否开发的问题上拥有最终的决定权（因为土地是国有的，所有权的权属决定其话语权），但这并不等于地方政府"干预"旅游目的地开发；企业力图以旅游目的地开发的形式进入村寨，是为了获得土地的使用权，这无疑与原本在地的村民对土地的使用权之间产生矛盾，利益的分割成了化解同一片土地使用权的砝码。到底是偏向哪一边或皆大欢喜，则取决于彼此博弈后的平衡。地方政府在企业与村民利益博弈时发挥一定的

组织、协调甚至终止的作用，就是所谓的“干预”。这在有的地方体现得比较“强”，在有的地方则相对“弱”一些。那么，究竟是“强干预”还是“弱干预”对旅游目的地开发后更有利于民族传统村寨的保护和利用呢？

对西双版纳三个典型村寨的分析表明，不同于丽江、西递、同里等历史城镇，地方政府干预并不是以傣族园、勐景来景区为代表的傣族传统村寨旅游商业化控制的决定性力量。以傣族园、勐景来景区为代表的傣族传统村寨，在无地方政府外力强干预或预见性干预的情况下，仍然能够保持长时期的、稳定的、适度的商业化。傣族传统干栏式建筑外观改变不大；适量地面向旅游者的商铺数量增加，并集中在商业街道；并无大量原住居民外迁，没有出现“空心化”的问题；傣族“商业的家”基本由原住民经营管理，少有出租给外来经营者的情况出现。这说明旅游目的地开发时，从游客体验需求出发定位开发的类型，地方政府引导企业参与，突出地方民族特色，并与村民达成共识，是维系目的地可持续发展的择优选择。

位于城市中心的傣族传统村寨旅游商业化进程中，地方政府的预见性干预是否有效和具有可推广性，必须考虑地方政府干预的模式、时效和制度设计。以曼景法为代表，位于城市中心的傣族传统村寨，在发展早期由地方基层政府主导村寨的改造和旅游发展，而在村寨整体规划和改造完成以后，地方基层政府基本退出了村寨旅游发展的主导地位，由村寨原住民自发参与。经过多年的发展，在曼景法村，95%的村寨居民的一楼已经转换为出租房或被整体转租，仍然利用自家房屋从事旅游经营的商户极少。这说明地方政府干预在旅游目的地开发及其持续发展的不同阶段会产生差异很大的结果，开发前及开发初始阶段的强干预，可以快速推进旅游目的地的开发及其商业化，当初见成效后，政府撤出干预，给予当地居民最大的自由度，对于尚未具有强商业意识、尚未进入可持续发展良性循环阶段的旅游目的地来说无异于断炊。

另外，通过对三个案例地旅游商业化进程的梳理，可以发现影响和主导的主体不尽相同，有的甚至呈现出不同阶段不同主体。曼景法村经历了政府主导阶段，控制了第一阶段村寨征地和改造的部分。紧接着进入社区主导阶段，村委会作为土地的所有者和管理者，实现了集体规划和使用，进行了村寨基础的旅游接待设施、村寨内部道路和公共设施的建设等。最后进入市场主导阶段，由部分外来资本和外来人员在旅游开发中占据主要地位。而傣族园景区和勐景来景区是由外来资本采用“公司＋农户”的模式来进行旅游开发。外来资本参与旅游发展有两种截然不同的方式：一种的唯一目的是拿地，或仅仅租用部分土地，极少参与傣族传统村寨未来规划与发展，也极少考虑村寨原住居民的生存生活和发展。这种方式带来的是外来企业用相对低廉的货币价值，将原住居民排斥在旅游商业空间之外，且传统民族村寨日后的可持续发展并不在外来资本的关注范围之内。另一种是“公司＋农户”的合作方式，由外来资本掌握村落空间发展的控制权，原住村民的村寨空间演变为生产生活空间与旅游商业空间的复合空间。旅游公司对传统民族村寨作为旅游景区来进行开发的理念和发展规划成了村寨旅游可持续发展方向的决定因素。

由此可见，外来资本控制空间的方式决定着傣族传统村寨商业化的进程、方向与效能。地方政府干预与旅游目的地能否持续发展有非常大的关联，但并不直接具有必然联系，这也验证了传统研究中资本是推动经济较为落后城镇旅游商业化的重要驱动力量①。

二、旅游目的地开发过程中业态多寡与空间异化速度成正相关

旅游目的地的初次开发意味着将旅游这一业态植入原生态的目的地，这肯定会打破原生态目的地传统业态的格局。发展旅游业最直接的目的就是要有经济上的收益，对于企业而言，这是毋庸争辩的追求；对于在地居民而言，增收致富也是发展旅游的主要目的；对于政府而言，综合考虑经济、政治、文化、生态、社会等协同发展更具责任感和使命感。西双版纳三个旅游目的地开发的典型案例显示：旅游发展下业态多寡与空间异化速度成正相关。

曼景法案例说明，地方政府本意是希望民族文化能在以旅游为载体的第三产业介入传统第一产业后得以传承和发展，既保护少数民族文化，又解决失地村民的生存问题。但随着工业化和城镇化的稳步推进，类似曼景法位于城市中心的傣族传统村寨，由于其区位优势和经济多元化，使得傣族原住民的家屋空间功能和价值发生了巨大变化。家屋空间除了生活居住保障功能以

---

① Dahms F A. Economic revitalization in St. Jacobs, Ontario: Ingredients for transforming a dying village into a thriving small town [M]. Small town, 1991 (May – June): 12 – 18.

外，作为生产资料和资产等属性的价值日益凸显。在地方政府的规划中，假定市场是完善的自由竞争市场，那么原住居民都是“理性”的；他们离开耕地后，放弃了第一产业的劳作，利用村寨空间、家屋空间和传统文化去实现生计方式的转换和民族文化的传承。但实际上，在快速城镇化过程中，由于区位地租的影响，使得原住民的家屋空间迅速升值；与此同时，地方政府退出主导地位，傣族传统村寨的发展缺乏相应的约束和指导，原住民则满足于靠地租或非规范下的转卖土地维持生活，从而失去了资本积累和生产性投资的动机。在快速城镇化背景下，地租差迅速形成，出租或变卖土地获得的经济收入，远大于经营“商业的家”的经济收入，从而使原住民可以迅速达到投资的预期回报门槛。这进一步说明，可供村民选择的业态（无论是主动选择还是被动选择）越多，其村落和家屋空间异化的程度就会越大。

相反，“公司＋农户”模式促使傣族传统村寨的业态从第一产业向“第一产业＋第三产业”转变，对傣族传统村寨旅游商业化控制产生有效性，依赖于对旅游开发与村寨保护的深刻认知、公司与农户经营目标的一致性及双方对获益的满意度。当公司与农户在利益博弈中达成一致时，业态就相对稳定下来，成为村寨保护和民族文化传承的重要持续力。勐景来景区从旅游开发之初就认识到真正吸引游客的是传统傣族村寨、原住居民的在地日常生活和傣族文化，所以并不以大量的酒店、商业铺面为主导开发旅游，只是改善和修缮村寨环境，引导村寨内原住居民开发传统手工艺展演和售卖，引导和扶持傣家乐的经营。近年来，傣族园景区通过经济收入和旅游服务技能的提高、知识储备和政治意识的增加，提高了原住村民的内生能力。5 寨村民与傣族园公司在建筑保护费用、门票分红等多项事宜上产生了矛盾。经与傣族园公司多次商讨，原住居民在干栏式建筑保护费用的提高、门票收入分红比例的加大、园区内公共基础设施和旅游接待设施的改善等方面，争取到更多权益。可见，只有公司与农户之间达成一致意见，获得双赢，才能持续稳定发挥其作用和优势，不至于造成景区经营管理混乱和商业失序，旅游目的地的空间异化问题才能得到较好的解决。同时，旅游商业化与传统村寨保护之间的良性互动逻辑才能合理建构。

传统村寨作为旅游目的地的开发与保护一直是旅游规划实践和学界长期关注的问题。全国范围内，传统村落在城镇化进程中正面临着被破坏甚至消亡的压力。在不可逆转的城镇化进程中，一部分村落重新集聚，一部分正在衰退或萎缩，一部分正在成为城市（镇）的一部分，从而改变其社会存在的形式。在以旅游业发展为主导和特色的传统村寨中，旅游发展作为影响因素之一，在城镇化过程以及长期持续发展过程中，与传统民族空间和文化的保护传承之间形成了独有的互动逻辑。虽然传统村寨的进步和经济社会发展的需要是一种必然的趋势，但保护和传承并不意味着不变和守旧。三个案例显示，若传统村寨业态相对单一，则越是需要依赖旅游业发展而发展，其村落空间和景观风貌保持得越好；而若传统村寨业态相对多元化，则旅游业发展缓慢或停止，传统村落空间异化迅速。

三、家的空间功能因旅游商业化实现变迁

依据“商业的家”空间各内部空间的私密程度和对“商业的家”空间的重要程度，可以构建“商业的家”空间演化的分析框架：三个主要维度（居住空间、饮食空间和娱乐空间）（见图 27）。其中，居住空间从房屋、设计与氛围、外围环境三个方面实现空间演化；饮食空间主要从语言、氛围和菜品三个方面实现空间演化；娱乐空间主要从活动场所和精神状态两个方面实现空间演化。

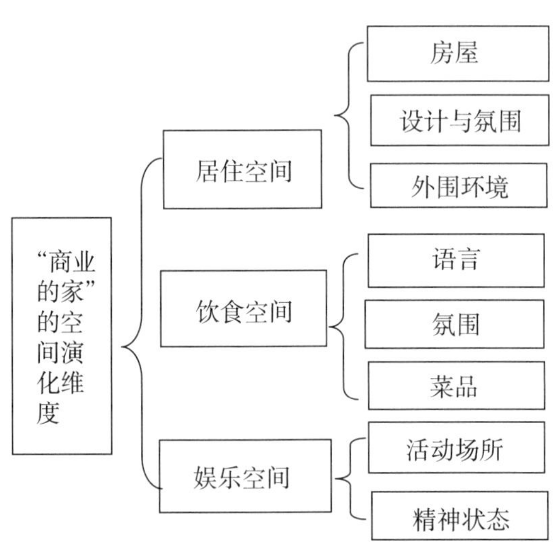

图 27 “商业的家”空间演化分析维度

以具有私密性的家空间作为旅游吸引物而发展为消费空间，造成了“商业的家”的主人日常生活实践和工作实践相融合的结果。家空间的私密性和排他性必然造成不同人群在同一个空间使用时的冲突。而在“商业的家”的空间中，旅游发展与原住居民日常生活之间必然需要在彼此沟通后达成一致。在“商业的家”供主人和游客共享的公共空间使用发生冲突时，可以通过不断磨合和妥协，以主人错过使用时间、寻找其他替代空间等方式对游客妥协，尽量保证游客的空间使用感受和效果。这也回应了 de Certeau 提出的对于旅游者的“窥视”，主人采取避让但不逃离（they escaped it without leaving it）的策略。之所以“避让但不逃离”，是“商业的家”空间所带来的经济收入与空间争夺之间的逻辑使然。家空间作为被商业利用和管理的经济空间和消费空间，给“商业的家”的主人带来经济收入是“家”向“商业的家”商业化演化的主要目的。研究发现，出让家空间所获得的经济利益多寡和对家庭经济贡献的重要程度决定了家空间的出让程度。特别在傣家乐发展的早期阶段，“商业的家”的主人可以牺牲家空间的私密性和舒适性，在空间使用上对旅游者妥协和退让，与旅游者共同享用私人空间，甚至旅游者有优先使用的权力，只为追求更多经济收益。当然，出于宗教信仰、民族习俗等原因，这种家空间出让仍然有一定的底线。

这个底线就是观念中的“边界”。边界在“商业的家”空间里具有独特的功能和文化意涵。首先，深度的主客交往是“商业的家”空间中私人领域与公共领域边界模糊的重要影响因素之一。“家”是具有私密性的概念和具有排他性的空间，客人必须获得主人的邀请，才能得体地进入此空间。在旅游业发展的情境下，家空间被改造和利用，作为接待游客之用，并为主人产生经济利益。因此，Lynch 认为“商业的家”是主人和客人资源交换的空间。郑诗琳等人也认为家空间公共区域和私密区域的开放比例是因为空间异化和主客互动协商的结果。两篇研究都提及主客互动会对“商业的家”的空间分布和区域划分产生影响。本研究对此继续推进，认为决定“商业的家”中公共空间的开放程度及其与私密空间边界的清晰度的重要因素是主客交往的模式与深浅程度。主人通过交换自己私密的家空间，主要带来货币上的获利和社会资本，以及心灵上的愉悦。而大众游客的主客交往模式及较浅的主客交往程度，使“商业的家”中的公共与私人空间的边界变得清晰。其次，旅游的参与模式引导“商业的家”空间边界的再划分。傣族传统村寨原住居民与游客之间的物理边界和社会边界会受到不同旅游参与模式的影响，其“商业的家”中的公共空间和私人空间边界也因此改变。旅游公司管理的景区内的“商业的家”空间中，公共空间和私人空间被控制在一定空间范围内，公司对异化建筑的控制让村寨村民意识到自家传统家屋是作为旅游吸引物的重要组成部分，主人需要自愿或非自愿地将私人空间共享到公共空间中，因此家中公共空间和私人空间的边界是相对模糊的。在自发参与旅游活动的“商业的家”中，原住居民主导空间的权力更加广泛，其空间边界相对清晰。

四、家的商业演化向情感意义延伸

傣族人民的民族性格和文化是影响傣族传统村寨旅游商业化的重要因素。傣族是一个幸福安详的民族，热爱生活，性格亲切友善，举止柔婉温和。傣族几乎全民信仰南传上座部佛教，主张“自我解脱、自我拯救、积善行、修来世，最终达到涅槃”。前些年，傣族人经济基础偏弱，参与商业流通很少，商业意识普遍淡薄，没有市场上的合约意识和重商意识。近年来，随着信息逐渐多元化、经济生活水平提高等，部分傣族村寨原住居民开始意识到如何利用村寨、家屋发展旅游业增加经济收入。三个典型案例表明：傣族虽受经济利益驱动的影响，但依然坚守本民族的精神家园。这也是以傣族园、勐景来为代表的典型傣族传统村寨，在没有政府外力强干预的情况下，未出现不可接受的商业化或“空心化”的问题，仍然能够长期稳定吸引游客，实现旅游可持续发展。从情感角度看，傣族传统村寨经历了“私密的家”到“商业的家”的转变，而原住居民对“私密的家”空间及其边界的坚守，表明情感意义远比经济意义更重要。

参考文献

［1］ Altjevic J, Doorne S. Staying within the fence: lifestyle entrepreneurship in tourism ［J］. Journal of Sustainable Tourism, 2000, 8 (5) .

［2］ Antonio Paplo Russo. The "Vicious Circle" of tourism development in heritage cities ［J］. Annals of Tourism Research, 2002, 29 (1) .

［3］ Alison Blunt. Cultural geography: cultural geographies of home ［J］. Progress in Human Geography, 2005, 29 (4) .

［4］ Baines S, Wheelock J. Reinventing traditional solutions: job creation, gender and the micro-business household ［J］. Work, Employment and Society, 1998, 12 (4)

［5］ Bitner M J. Servicescape: the impact of physical surrounding on customers and employees ［J］. Journal of Marketing, 1992, 56 (2) .

［6］ Blunt A, Dowling R. Home (key ideas in geography) ［M］. Abingdon, UK: Routledge, 2006.

［7］ Botterill D, Owen R E, Emanuel L N, Gale T, Nelson C, Selby M. Perceptions from the periphery: the experience of Wales ［A］ //Brown F & Hall D, Tourism in peripheral areas: case studies ［C］. Clevedon, Buffalo, Toronto, Sydney: Channel View Publications. 2000: 7 –38.

［8］ Brickell K. Fire in the House: gendered experiences of drunkenness and violence in Siem Reap, Cambodia ［J］. Geoforum, 2008, 39 (5) .

［9］ Buick I. Information technology in small Scottish hotels: is it working? ［J］. International Journal of Contemporary Hospitality Management, 2003, 15 (4) .

［10］ Barth F. Ethnic groups and boundaries: the social organization of culture difference. Waveland Press. 1998.

［11］ Bennettk K. Kitchen drama: performances, patriarchy and power dynamics in a Dorset farmhouse kitchen [J]. Gender, Place and Culture, 2006, 13 (2).

[12] Blunt A, Varley A. Geographies of home [J]. Cultural Geographies, 2004, 11 (1).

[13] Britton S. Tourism, capital and place: towards a critical geography of tourism [J]. Environment and Planning D: Society and Space, 1991, 9 (4): 451-478.

[14] Chee L. The domestic residue: feminist mobility and space in Simryn Gill's art [J]. Gender, Place & Culture, 2012, 19 (6).

[15] Clarke A. The aesthetics of social aspiration [M]. Oxford, UK: Berg Publishers, 2001.

[16] Clegg A, Essex S. Restructuring in tourism: the accommodation sector in a major British coastal resort [J]. International Journal of Tourism Research, 2000, 2 (2).

[17] Cohen E. A phenomenology of tourism experiences, Sociology [J]. 1979, 13 (2): 179-201.

[18] Csikszentmihalyi M, Rochberg Halton. The meaning of things: domestic symbols and the self [M]. Cambridge/New York: Cambridge University Press, 1981.

[19] Culler E. Semiotics of tourism. The American Journal of Semiotic. [J]. 1981, 1 (1): 127-140.

[20] Darke J, Gurney C. Putting up? Gender, hospitality and performance [A] //Lashley C, Morrison A (Eds.), In Search of Hospitality: Theoretical Perspectives and Debates. Butterworth-Heinemann [C]. Oxford, 2000.

[21] Del Casino V J, Jocoy C L. Neoliberal subjectivities, the "new" homelessness, and struggles over spaces of/in the city [J]. Antipode, 2008, 40 (2).

[22] Dewhurst P, Horobin H. Small business owners [A] //Thomas R. (Ed.) The Management of Small Tourism and Hospitality Firms [C]. Cassell, London, 1998.

[23] Di Domenico, Lynch P. A. Host/Guest encounters in the commercial

home, Leisure Studies, 2007, 26 (3): 321 –338.

[24] Domosh M. Geography and gender: home, again? [J]. Progress in Human Geography, 1998, 22 (2) .

[25] Dovey K. Home and homelessness [M]. New York, NY: Plenum Press, 1985.

[26] Duncan N. Landscapes of privilege: the politics of the aesthetic in an American suburb [M]. New York. Routledge, 2003.

[27] Dahms F A. Economic revitalization in St. Jacobs, Ontario: Ingredients for transforming a dying village into a thriving small town [M]. Small town, 1991 (May –June) .

[28] De Certeau. The practice of everyday life [M]. Berkeley: University of California Press, 1984.

[29] Di Domenico. Locating the Scottish Guest House owner occupier. Proceedings of the 11th Annual CHME Hospitality Research Conference [M]. London: South Bank University, 2002.

[30] Dorst J D. The written suburb: an American site, an ethnographic dilemma. Univercity of Pennsylvania Press, 1989.

[31] Dyuvendak W. The politics of home. Great Britain: Palgrave, 2011.

[32] Evans N H. Tourism and cross cultural communication [J]. Annals of Tourism Research, 1976, 3 (4) .

[33] Edensor T. Staging tourism: tourists as performers [J]. Annals of Tourism Research, 2000, 27 (2) .

[34] Fan C, Wall G, Mitchell C J A. Creative destruction and the water town of Luzhi, China [J]. Tourism Management, 2007, 7 (8) .

[35] Foucault M. Space, knowledge and power [A]. //P. Rabinow. The Foucault Reader [C]. New York: Pantheon, 1984.

[36] Giddens A. The constitution of society: outline of the theory of structuration, Cambridge: Polity Press, 1984.

[37] Grayson K. Commercial activity at home: managing the private servicescape [A] //J. F. Sherry Jr. Servicescapes: The Concept of Place in Contemporary Markets, Lincolnwood [C]. IL: Nike Town Chicago Business

Books, 1998.

[38] Gurney C. Meanings of home and home ownership myths, histories and experiences. Unpublished Ph. D. Thesis, University of Bristol, 1996.

[39] Hall C M, Boyd S. Nature – based tourism in peripheral areas: development or disaster? [M] Clevedon, UK, Channel View. 2005: 3 – 17.

[40] Harvey D. Between space and time: reflections on the geographical imagination [J]. Annals of the Association of American Geographers, 1990, 80 (3) .

[41] Harvey D. The condition of post-modernity: an enquiry into the origins of cultural change [J]. Cambridge, UK: Blackwell, 1990.

[42] Henk Van Houtum, Ton Van Naerssen. Bordering, ordering and othering [J]. Journal of Economic and Social Geography, 2002, 5: 125 – 136.

[43] Hillier B. Space is the machine: a configurational theory of architecture [M]. Cambridge: Cambridge University Press, 1996.

[44] Hind D, Evans N, Miller A, Bloxham D. Self – catering accommodation in Cambrian. Carlisle: University of Northumbria, 1999.

[45] Hodgetts D, Stolte O, Chamberlain K, et al. A trip to the library: homelessness and social inclusion [J]. Social & Cultural Geography, 2008, 9 (8) .

[46] Johnson L C. Browsing the modern kitchen – a feast of gender, place and culture (Part 1) [J]. Gender, Place&Culture, 2006, 13 (2): 123 – 132.

[47] Kong L. Globalization and Singaporean transmigration: re – imagining and negotiating national identity [J]. Political Geography, 1999. 18 (5): 563 – 589.

[48] Kramsch O T. The rablesian border [J]. Environment and Planning D, 2010, 28 (6) .

[49] Lawrence R J. Public collective and private space: a study of urban housing in Switzerland [A] //S. Kent. Domestic Architecture and The Use of Space [C]. New York: Cambridge University Press, 1990.

[50] Lynch P A. Female entrepreneurs in the host family sector: key

motivations and socioeconomic variables [J]. International Journal of Hospitality Management, 1998, 17 (3).

[51] Lynch P A. Host attitudes towards guests in the homestay sector [J]. Tourism and Hospitality Research: The Surrey Quarterly Review, 1999, 1 (2).

[52] Lynch P A. The Cinderella of hospitality management research: studying bed and breakfasts [J]. International Journal of Contemporary Hospitality Management, 1996, 8 (5).

[53] Lynch P A. The commercial home enterprise and host: a United Kingdom perspective [J]. Hospitality Management, 2005 (2).

[54] Lynch P A, MacChannell D. Home and commercialized hospitality [A] //C Lashley & A Morrison (Eds). Search of Hospitality: Theoretical Perspectives and Debates [C]. Intemational Joarnal of Contemporarg Hospity Manage ment, 2000.

[55] Lynch P A. Sociological impressionism in a hospitality context [J]. Annals of Tourism Research, 2005, 32 (3).

[56] Martin F, Healy C. At home in the suburb [A] //F. Martin (Ed.) Interpreting Everyday Culture [C]. 2003.

[57] Mathieson A, Wall G. Tourism, economic, physical and social impacts. Longman, 1982.

[58] Mitchell C J A, de Waal S B. Revisiting the model of creative destruction: St. Jacobs, Ontario, a decade later [J]. Journal of Rural Studies, 2009, 25 (1).

[59] Mitchell C J A. Entrepreneurialism, commodification and creative destruction: A model of post-modern community development [J]. Journal of Rural Studies, 1998, 14 (3).

[60] Mitchell C J A. Entrepreneurialism, commodification and creative destruction: A model of post-modern community development [J]. Journal of Rural Studies, 1998 (14).

[61] Mohammad A Q. Ruralopolises: the spatial organization and residential land economy of high – density rural regions in South Asia [J]. Urban Studies, 2000, 37 (9): 1583 – 1603.

[62] MacCannell D. Tourist and the new community [J]. Annals of Tourism Research, 1977, 4 (4) .

[63] Mallett S. Understanding home: a critical review of the literature [J]. Sociological Review, 2004: 52 (1) .

[64] Marcus C. House as a mirror of self: exploring the deeper meaning of home [M]. Berkeley, CA: Conari Press: 1995.

[65] Mars G, Nicod. The world of waiters [M]. London: Allen and Unwin, 1984.

[66] Michael Hall. Sharing space with visitors—the servicescape of the commercial exurban home. Commercial homes in tourism—an international perspective [M]. 2009.

[67] Miller D. Home possessions: material culture behind closed doors [M]. Oxford: Berg Publishers, 2001.

[68] Mohammad A Q. Urbanization by implosion [J]. Habitat International, 2004, 28 (9) .

[69] Morley D, Robins K. No place like Heimat: images of home (land) in European culture [M]. London, UK: Lawrence & Wishart, 1993.

[70] Morrison A J. Small firm strategic alliances: the UK hotel industry [D]. Glasgow: University of Strathclyde, 1996.

[71] Morrison A J, Baum T, Andrew R. The lifestyle economics of small tourism businesses [J]. Journal of Travel and Tourism Research, 2001 (1) .

[72] Morrison A J. Small hospitality businesses: enduring or endangered? [J]. Journal of Hospitality and Tourism Management, 2002, 9 (1) .

[73] Mullin S P. Tourism urbanization [J]. International Journal of Urban and Regional Research, 1991, 15 (3) .

[74] Osborne P. Traveling light: photography, travel and visual culture, Manchester: Manchester University Press, 2000.

[75] Palmer C. Tourism and the symbols of identity. Tourism Management [J]. 1999 (20): 313 -321.

[76] Pearce P. Farm tourism in New Zealand: a social situation analysis [J]. Annals of Tourism Research, 1990, 17 (3) .

[77] Pearce PL, Moscardo G. The boutique/specialist accommodation sector: perceived government needs and policy initiatives [M]. James Cook University, Townsville, Queensland, 1992.

[78] Pons P O. Being-on-holiday tourist dwelling, bodies and place [J]. Tourist Studies, 2003, 3 (1) .

[79] Quinn B. Care-givers, leisure and meanings of home: a case study of low income women in Dublin [J]. Gender, Place and Culture, 2010, 17 (6) .

[80] Ralph D, Staeheli L A. Home and migration: mobilities, belongings and identities [J]. Geography Compass, 2011, 5 (7) .

[81] Reid L, Smith N. John Wayne meets Donald Trump: The lower east side as wild west [M]. Oxford, UK: Pergamon, 1993: 193 – 209.

[82] Reis A. Original and converted social housing: spatial configurations and residents´attitudes [C]. London: Proceeding of 4th International Symposium on Space Syntax, 2003.

[83] Relph E. Place and placelessness [M]. London, UK: Pion, 1976.

[84] Rose G. Family photographs and domestic spacings: a case study [J]. Transactions of the Institute of British Geographers, 2003, 28 (1) .

[85] Ryan C. Researching tourist satisfaction. Routledge, London, 1995.

[86] Saarikangas K. Displays of the everyday. relations between gender and the visibility of domestic work in the modern Finnish kitchen from the 1930s to the 1950s [J]. Gender, Place & Culture, 2006, 13 (2): 161 – 172.

[87] Sheehan R. "I'm protective of this yard": long-term homeless persons'construction of home place and workplace in a historical public space [J]. Social & Cultural Geography, 2010, 11 (6) .

[88] Shelley Mallett. Understanding home: a critical review of the literature [J]. The Sociological Review, 2004.

[89] Shove E, Hand M. The restless kitchen: possession, performance and renewal [A] //Kitchens and bathrooms: changing technologies, practices and social organization [C]. Implications for sustainability. Manchester: University of Manchester, 2005.

[90] Somerville P. Homelessness and the meaning of home: rootlessness and

rootlessness? [J]. International Journal of Urban and Regional Research, 1992. 16 (4): 529 -539.

[91] Stringer P. Hosts and guests: the bed-and-breakfast phenomenon [J]. Annals of Tourism Research, 1981, 8 (3) .

[92] Su X. Tourism, Modernity and the consumption of home in China [J]. Transactions of the Institute of British Geographers, 2014, 39 (1) .

[93] Sullivan C, Lewis S. Home-based telework, gender, and the synchronization of work and family: perspectives of teleworkers and their co-residents [J]. Gender, Work and Organization, 2001, 8 (2) .

[94] Susan Kent. Unstable households in a stable kalahari community in Botswana [J]. American Anthropologist, 1995, 97 (2): 297 -312.

[95] Sibley D. Geographies of exclusion: society and difference in the West [M]. London: Routledge, 1995.

[96] Thörn C. Soft policies of exclusion: entrepreneurial strategies of ambiance and control of public space in Gothenburg, Sweden [J]. Urban Geography, 2011, 32 (7) .

[97] Tinsley R. The contribution of personal networks to building a tourism destination [D]. Edinburgh. Unpublished Ph. D. Thesis, Queen Margaret University College, 2004.

[98] Tolia-Kelly D P. Materializing post-colonial geographies: examining the textural landscapes of migration inthe South Asian home [J]. Geoforum, 2004, 35 (6) .

[99] Tuan Y F. Geography, phenomenology and the study of human nature [J]. Canadian Geographer, 1971 (15) .

[100] Tucker A. In search of home [J]. Journal of applied philosophy, 1994, 11 (2) .

[101] Urry J, Larsen J. The tourist gaze 3.0 [M]. London: Sage, 2011: 98.

[102] Valentine G. Tell me about...: using interviews as a research methodology [A] //R Flowerdew & D Martin (Eds). Research Methods in Human Geography [C]. Harlow: Prentice Hall, 2005.

[103] Varley A. A place like this? stories of dementia, home, and the self [J]. Environment and Planning D: Society and Space, 2008: 26 (1): 47 –67.

[104] Von Mahs J. Homelessness in Berlin: between Americanization and path dependence [J]. Urban Geography, 2011a, 32 (7) .

[105] Von Mahs J. Introduction: an Americanization of homelessness in post-industrial countries [J]. Urban Geography. 2011b, 32 (7) .

[106] Walsh K. British expatriate belongings: mobile homes and transnational homing [J]. Home Cultures, 2006, 3 (2) .

[107] Walters W. Secure borders, safe haven, domopolitics. Citizenship Studies, 2004, 8 (3) .

[108] Whatore S. Farming women: gender, work and family enterprise [M]. London, UK: Palgrave MacMillan, 1991.

[109] Wiles J. Sense of home in a transnational social space: New Zealanders in London [J]. Global Networks, 2008, 8 (1) .

[110] Walters W. Secure borders, safe haven, domopolitics [J]. Citizenship Studies, 2004, 8 (3) .

[111] Yantzi N M and Rosenberg M W. The contested meanings of home for women caring for children with long-term care needs in Ontario, Canada [J]. Gender, Place and Culture, 2008: 15 (3) .

[112] Young M. House and home: feminist variations on a theme, in intersecting voices: dilemmas of gender, political philosophy, and policy [M]. Princeton, NJ: Princeton University Press, 1997: 134 –164.

[113] Zeneidi D. The French-style Americanization of homelessness in Bordeaux [J]. Urban Geography, 2011, 32 (7) .

[114] 保继刚，苏晓波．历史城镇的旅游商业化研究［J］．地理学报，2004，59（3）．

[115] 保继刚，孟凯，等．旅游引导的乡村城市化——以阳朔历村为例［J］．地理研究，2015，8.

[116] 蔡晓梅，刘晨，曾国军．社交媒体对广州饮食文化空间的建构与重塑［J］．人文地理，2013（6）．

[117] 蔡晓梅，刘晨．人文地理学视角下的国外饮食文化研究进展

[J]. 人文地理，2013（5）.

[118] 陈丽坤. 城市化进程下民族旅游社区景观商品化研究——以西双版纳近郊傣楼景观为例［J］. 旅游学刊，2015，30（11）.

[119] 陈蕴茜. 论清末民国旅游娱乐空间的变化——以公园为中心的考察［J］. 史林，2005（5）.

[120] 曹锦清. 中国土地制度、农民工与城市化［J］. 中国农业大学学报：社会科学版，2016，33（1）.

[121] 陈梓烽，柴彦威. 城市居民非工作活动的家内外时间分配及影响因素——以北京上地—清河地区为例［J］. 地理学报，2014，69（10）.

[122] 戴凡，保继刚. 旅游社会影响研究——以大理古城居民学英语态度为例［J］. 人文地理，1996，11（2）.

[123] 樊友猛，谢彦君. 具身欲求与身体失范：旅游不文明现象的一种理论解释［J］. 旅游学刊，2016，31（8）.

[124] 范凌云，郑皓. 世界文化和自然遗产地保护与旅游发展［J］. 规划师，2003，19（6）.

[125] 封丹，李鹏，朱竑. 国外“家”的地理学研究进展及启示［J］. 地理科学进展，2015，34（7）.

[126] 封丹，朱竑，Werner Breitung. 门禁社区边界和家的构建关系研究［J］. 世界地理研究，2014，23（3）.

[127] 冯革群，丁四保. 边境区合作理论的地理学研究［J］. 世界地理研究，2005. 14（1）.

[128] 高芸. 中国云南的傣族民居［M］. 北京：北京大学出版社，2003.

[129] 葛军莲. 周庄古镇旅游商业感知与调控机制研究［D］. 南京：南京师范大学，2007.

[130] 亨利·列斐弗尔. 政治与空间［M］. 李春，译. 上海：上海人民出版社，2008.

[131] 胡海洪，柏文峰. 探索传统民居合理的更新途径——以西双版纳曼景法村傣族民居更新实践为例［J］. 建筑科学，2006（12）.

[132] 黄亮，陆林，丁雨莲. 少数民族村寨的旅游发展模式研究——以西双版纳傣族园为例［J］. 旅游学刊，2006，21（5）.

［133］黄其新．乡村旅游：商品化、真实性及文化生态发展策略［J］．西北农林科技大学学报：社会科学版，2014，14（4）．

［134］黄震方，等．关于旅游城市化问题的初步探讨——以长江三角洲都市连绵区为例［J］．长江流域资源与环境，2000，9（2）．

［135］姜辽，苏勤．周庄古镇创造性破坏与地方身份转化［J］．地理学报，2013，68（8）．

［136］蒋坤富，张述林，唐为亮，等．古镇旅游心理商业容量研究——以重庆磁器口古镇为例［J］．顺德职业技术学院学报，2010，8（2）．

［137］杰西卡．安德森，马尔科姆．特纳．旅游景点的文化展演之研究［J］．杨利慧，译．民族艺术，2004（1）．

［138］李柏文．中国少数民族地区旅游业发展30年：业绩、经验及趋势［J］．广西大学学报：哲学社会科学版，2009，31（6）．

［139］理查德·鲍曼．作为表演的口头艺术［M］．杨利慧，安德明，译．桂林：广西师范大学，2008.

［140］李磊．历史城镇商业发展探讨［J］．小城镇建设，2004（1）．

［141］林敏慧．历史城镇的旅游商业化控制研究：以西递古村落和同里古镇为例［D］．广州：中山大学，2009.

［142］林敏慧，保继刚．中国历史村镇的旅游商业化——创造性破坏模型的应用检验［J］．旅游学刊，2015，30（4）．

［143］林开忠．跨界越南女性族群边界的维持：食物角色的探究［J］．台湾东南亚学刊，2006，3（1）．

［144］刘丹萍．旅游凝视——中国本土研究［M］．天津：南开大学出版社，2008.

［145］刘晨，蔡晓梅，曾国军．西方厨房研究及其对中国文化地理家庭空间研究之启示［J］．热带地理，2014，34（4）．

［146］刘静艳，王雅君，施琼．旅游经济收益及旅游影响感知对社区居民环保意向的影响研究［J］．旅游科学，2014，28（3）．

［147］陆林，於然，朱付彪，等．基于社会学视野的黄山市汤口镇旅游城市化特征和机制研究［J］．人文地理，2010，25（6）．

［148］阮仪三，袁菲．江南水乡古镇的保护与合理发展［J］．城市规划学刊，2008（5）．

［149］陶伟，蒋伟，何新．平遥古城民居之门的形态变迁及其家的观念表征［J］．地理研究，2014，33（12）．

［150］田雪红．傣家民居：快绿怡红隐竹楼［J］．国土资源，2007（4）．

［151］汪德根，陈田，王金莲，等．1980—2009 年国内外旅游研究比较［J］．地理学报，2011，66（4）．

［152］王华，王荣红，韩斌，等．丽江古城真实性与商业化辨析［J］．昆明冶金高等专科学校学报，2010，26（4）．

［153］王宁．代表性还是典型性？个案的属性与个案研究方法的逻辑基地［J］．社会学研究，2002（5）．

［154］王思斌．村干部的边际地位与行为分析［J］．社会学研究，1991（4）．

［155］王云才，石忆邵，陈田．江南古镇商业化倾向及其可持续发展对策——以浙北三镇为例［J］．同济大学学报：社会科学版，2007，18（2）．

［156］魏鹂．餐饮空间的主题性设计研究［J］．沈阳：沈阳航空航天大学，2012.

［157］文彤．家庭旅馆业的发展——以桂林龙脊梯田风景区为例［J］．旅游学刊，2002（17）．

［158］翁时秀．权力关系对古村镇旅游地的社会影响研究——以乌镇和楠溪江芙蓉村为例［D］．广州：中山大学，2011.

［159］吴飞．“空间实践”与诗意的抵抗——解读米歇尔·德塞图的日常生活实践理论［J］．社会学研究，2009（2）．

［160］夏赞才，刘婷．旅游何以与文明有关：从鲍曼的旅游者隐喻说开去［J］．旅游学刊，2016，31（8）．

［161］肖佑兴．旅游创造性破坏模型述评［J］．人文地理，2010（6）．

［162］熊胜伟，姚萍．古村镇的保护与弱开发研究［J］．小城镇建设，2008（4）．

［163］徐红罡．文化遗产旅游商业化的路径依赖理论模型［J］．旅游科学，2005，19（3）．

［164］杨善华．家族政治与农村基层政治精英的选拔、角色定位和精英更替——一个分析框架［J］．社会学研究，2000（3）．

[165] 张机，徐红罡．民族旅游地区家空间的主客角色冲突研究——以丽江白沙村为例 [J]．地理科学，2016，36（2）．

[166] 张京祥，吴缚龙，马润潮．体制转型与中国城市空间重构——建立一种空间演化的制度分析框架 [J]．城市规划，2008（6）．

[167] 张凌云．非惯常环境：旅游核心概念的再研究——建构旅游学研究框架的一种尝试 [J]．旅游学刊，2009，24（7）．

[168] 赵莹，柴彦威，Dijst M. 家空间与家庭关系的活动—移动行为透视——基于国际比较的视角 [J]．地理研究，2013，32（6）．

[169] 郑诗琳，朱竑，唐雪琼．旅游商业化背景下家的空间重构——以西双版纳傣族园傣家乐为例 [J]．热带地理，2016，36（2）．

[170] 钟晓华．社会空间和社会变迁——转型期城市研究的"社会—空间"转向 [J]．国外社会科学，2013（2）．

[171] 周尚意．英美文化研究与新文化地理学 [J]．地理学报，2004，59（21）．

[172] 周雪光．国家治理逻辑与中国官僚体制：一个韦伯理论视角 [J]．开放时代，2013（3）．

[173] 左冰．西双版纳傣族园社区参与旅游发展的行动逻辑——兼论中国农村社区参与状况 [J]．思想战线，2012，1（38）．

[174] 曾国军，吴炎珂．饮食文化空间的符号化生产：广州主题餐厅的案例 [J]．华南师范大学学报：社会科学版，2015（2）．

[175] 米歇尔·德·塞托．日常生活实践 [M]．方琳琳，译．南京大学出版社，2009.

[176] 齐美尔．社会是如何可能的——齐美尔社会文选 [M]．林荣远，编译．桂林：广西师范大学出版社，2002.

[177] 让·鲍德里亚．消费社会 [M]．刘成富，全志钢，译．南京：南京大学出版社，2008.

[178] 苏晓波．商业化、地方性和城市遗产旅游 [J]．旅游学刊，2013，28（4）．

[179] 孙九霞，史甜甜．茶叶经济主导下的社区参与旅游发展——基于社会交换理论的案例分析 [J]．旅游论坛，2010，3（3）．

[180] 孙九霞，保继刚．旅游发展与傣族园社区的乡村都市化 [J]．中

南民族大学学报：人文社会科学版，2006，26（2）.

［181］唐雪琼，杨茜好，钱俊希．社会建构主义视角下的边界——研究综述与启示［J］．地理科学进展，2014，33（7）.

［182］陶伟，岑倩华．历史城镇旅游发展模式比较研究——威尼斯和丽江［J］．城市规划，2006，30（5）.

［183］王宁．旅游、现代性与“好恶交织”——旅游社会学的理论探索［J］．社会学研究，1999（6）.

［184］徐大慰．巴特的族群理论述评［J］．贵州民族研究，2007，27（6）.

［185］徐红罡．文化遗产旅游商业化的路径依赖理论模型［J］．旅游科学，2005，19（3）.

［186］张梦．旅游产品核心竞争力的新视角［J］．财经科学，2001（4）.

［187］钟海生．旅游业的两种发展观和政策导向［J］．旅游学刊，1999（1）.

［188］周运清．住宅社会学导论［M］．合肥：安徽人民出版社，1991.

附　　录

主要受访者信息

访谈者编号	性别	年　龄	民　族	目前生活状况	地　点
A01	男	60 多岁	傣族	赋闲在家	曼景法
A02	男	60 多岁	傣族	前任村主任	曼景法
A03	男	60 多岁	傣族	赋闲在家	曼景法
A04	男	60 多岁	傣族	赋闲在家	曼景法
A05	女	60 多岁	傣族	傣味人家老板	曼景法
A06	女	60 多岁	傣族	赋闲在家	曼景法
A07	男	36	傣族	岩毛农家园傣味楼老板	曼景法
A08	男	49	傣族	宾馆老板	曼景法
A09	女	30	傣族	小摊贩	曼景法
A10	女	49	傣族	赋闲在家	曼景法
A11	男	60 多岁	傣族	赋闲在家	曼景法
A12	男	36	傣族	赋闲在家	曼景法
A13	男	60 多岁	傣族	赋闲在家	曼景法
A14	女	32	傣族	打工	曼景法
A15	男	30	傣族	打工	曼景法
A16	女	53	傣族	赋闲在家	曼景法
A17	男	27	傣族	打工	曼景法
A18	女	26	傣族	小摊贩	曼景法
A19	女	43	傣族	傣家乐老板	曼景法
A20	男	56	傣族	傣家乐老板	曼景法
A21	男	58	傣族	傣家乐老板	曼景法

续 表

访谈者编号	性别	年 龄	民 族	目前生活状况	地 点
A22	男	50	傣族	赋闲在家	曼景法
A23	女	28	傣族	傣族特色餐饮店老板	曼景法
A24	女	57	傣族	赋闲在家	曼景法
A25	男	56	傣族	赋闲在家	曼景法
A26	男	30	傣族	打工	曼景法
A27	女	35	傣族	打工	曼景法
A28	女	33	傣族	小商店主	曼景法
A29	女	54	傣族	赋闲在家	曼景法
A30	男	53	傣族	商店店主	曼景法
A31	女	40	傣族	商店老板	曼景法
A32	男	32	傣族	打工	曼景法
A33	男	21	傣族	打工	曼景法
A34	男	29	傣族	商店老板	曼景法
A35	女	25	傣族	赋闲在家	曼景法
B01	男	50 多岁	傣族	傣家乐老板	傣族园
B02	男	39	拉祜族	傣族园公司员工，傣家乐老板	傣族园
B03	男	40	傣族	傣家乐老板	傣族园
B04	女	37	傣族	傣家乐老板	傣族园
B05	女	41	傣族	傣家乐老板	傣族园
B06	女	21	佤族	傣族园公司员工	傣族园
B07	女	23	傣族	傣族园公司员工	傣族园
B08	男	32	汉族	傣族园公司员工	傣族园

续　表

访谈者编号	性别	年　龄	民　族	目前生活状况	地　点
B09	女	60 多岁	汉族	商铺老板	傣族园
B10	男	60 多岁	汉族	商铺老板	傣族园
B11	女	57	傣族	摊贩	傣族园
B12	男	36	汉族	摊贩	傣族园
B13	男	43	傣族	傣家乐老板	傣族园
B14	男	35	傣族	傣家乐老板	傣族园
B15	女	46	傣族	傣家乐老板	傣族园
B16	女	60 多岁	傣族	赋闲在家	傣族园
B17	女	30	傣族	傣家乐老板	傣族园
B18	男	40	傣族	赋闲在家	傣族园
B19	女	21	傣族	学生	傣族园
B20	女	48	傣族	傣家乐老板	傣族园
C01	女	42	傣族	傣家乐老板	勐景来
C02	男	45	傣族	傣家乐老板	勐景来
C03	男	33	傣族	傣家乐老板	勐景来
C04	男	40 多岁	傣族	傣家乐老板	勐景来
C05	男	53	傣族	赋闲在家	勐景来
C06	女	29	傣族	在家帮忙	勐景来
C07	女	38	傣族	手工艺展示	勐景来
C08	男	30	傣族	傣家乐老板	勐景来
C09	女	37	傣族	傣家乐老板	勐景来
C10	女	30	傣族	手工艺展示	勐景来
C11	男	28	傣族	勐景来景区公司员工	勐景来
C12	女	40	傣族	傣家乐老板	勐景来
C13	男	33	傣族	傣家乐老板	勐景来
C14	男	30	汉族	傣家乐老板	勐景来

续 表

访谈者编号	性别	年 龄	民 族	目前生活状况	地 点
C15	男	32	汉族	勐景来景区公司员工	勐景来
D01	男	38	傣族	村委会干部	曼弄枫
D02	男	48	傣族	西双版纳度假区旅游局工作人员	曼弄枫
D03	女	25	傣族	村委会工作人员	曼弄枫
E01	男	41	昆明人	游客	曼景法
E02	女	28	湖南人	游客	傣族园
E03	男	60 多岁	湖南人	游客	傣族园
E04	男	42	江西人	游客	曼景法
E05	女	22	四川人	游客	勐景来
E06	男	36	天津人	游客	曼景法
E07	女	26	景洪人	导游	曼景法
E08	男	32	勐海人	导游	曼景法
E09	女	29	昆明人	游客	傣族园
E10	男	40	河北人	游客	勐景来
E11	女	31	杭州人	游客	傣族园
E12	女	26	贵州人	游客	傣族园
E13	男	32	四川人	游客	曼景法
E14	女	53	湖北人	游客	曼景法
E15	女	39	四川人	游客	勐景来
E16	女	33	北京人	游客	勐景来
E17	女	30 多岁	宿州人	游客	傣族园

注：E01 至 E17 为游客等，标识为来自云南何地或属于哪个省级行政区人。

后　记

收到导师保老师给本书作的序，千头万绪涌入心头，脑海里突然就像过电影一样闪现出这些年的经历。这可能不是一本传统学术著作的后记，坐下来提笔写的时候，浮现出三个片段，第一个片段是我在中大（中山大学）读博时辛苦而又快乐的求学时光，第二个片段是因为身体状况不得不中断学业，仍然坚持完成学业，顺利博士毕业的“人生特殊旅程”；第三个片段是再调研，开始在博士论文的基础上修改成书，自己也逐渐恢复正常生活和工作的人生好时光。

八年前，我对学术研究没有太多认识，没有学术研究基础，却一心想着攻读博士学位，一定要去旅游管理专业最好的学校，而忽略了自身的实际情况。保老师在旅游学界的贡献和影响力不言而喻，经过两年的考试，我能够有幸入保门，实感意外。当时的心情我至今仍记忆犹新，无比激动，却又觉得诚惶诚恐，怕辜负老师的知遇之恩。和保老师的接触始于他的课程和学术讲座，每次听完都觉得获益匪浅。平日里，保老师虽公务繁忙，但只要学生有问题请教，他都会抽出时间，甚至牺牲自己本已很少的休息时间。我还记得多年前保老师为了解答我们博士论文开题时的困惑，在南草坪吃一个汉堡解决午餐，而挤出更多的时间给我们提问和交流。感谢保老师的悉心指导，他敏锐的洞察力、宽阔的学术视野和强烈的社会责任感，都值得我们一生学习。

保老师常常教导我们：“时刻要有问题意识，在有意思的现象中发现问题，且思考如何找到一个好的切入点，去解释我们目前已有理论无法解释的现象，从而能对理论进行进一步的认知和推进。”本书的研究也经历了一层层剥茧抽丝的过程。2013 年前后，我在保老师的指导下前往广西阳朔和云南西双版纳两个典型旅游目的地对两地的商业发展状况进行调研，发现了两地截然不同的商业状态。西双版纳作为中国早期重要旅游城市，虽然旅游业发展多年，但很多傣族村寨仍然是凤尾竹掩映下的傣家竹楼，穿红戴绿的傣家少女，寺庙里出家的小和尚，一派自由幸福祥和的景象，当地居民仍然没有太大的商业意识，如村民自己晒的菠萝干、制作的牛干巴，游客想买都买不到，村民要留给自己食用，生活满足于自给自足，幸福感很高。在傣族园调研的时候，大佛寺门口的老爷爷会随手送甜甜的小香蕉，午饭时走进村民的家里，也是仅仅收个饭钱，就拿出好多水果小食任吃，并不熟识的大哥大姐们和我开心畅快地聊天。在和保老师的交流中，他认为这种商业发展的对比反差的原因是值得思考的，并认为可以从傣族本民族的生活、信仰等方面入手。保老师及其团队早期利用城市地租理论和集体选择理论对中国的历史城镇旅游商业化进行了分析，最早界定了旅游商业化的概念，并归纳总结了旅游商业化的特征。通过在西双版纳的多次调研，我们发现其与早期研究的西递、周庄、大研古镇旅游商业化并不相同。在西双版纳的傣族园景区、勐景来景区等典型的传统傣族村寨，在没有政府强力干预的约束下，经过十多年的发展，仍是保持较为均衡的商业化，且能够持续吸引游客前往。当地居民少有外迁，仍然愿意留在村寨生活，外来游客也想进来体验少数民族传统文化，就这样，“商业的家”产生了。同时，沿着旅游商业化的思路，既然大量旅游商业化的研究几乎都集中在中观层面——城镇或村寨，那么是否可以下沉到相对微观的层面——家？

“家”是近年来西方地理学研究的重要的新兴话题。西双版纳傣族的“商业的家”的特殊性在于：既不同于丽江、大理、泸沽湖、周庄、同里、阳朔等地，当地居民大多放租整栋房屋只收租金，不参与“商业的家”的经营，同时它也不同于 Airbnb 等共享住宿业态，其主人极少参与游客住宿的过程。就此我们把研究对象确定为西双版纳傣族“家”。国外对于“商业的家”的研究大部分都集中在“商业的家”的主人，很少关注到“家”空间本身。因此，我们把研究问题聚焦于中观层面的村寨和微观层面的家，解释传统民族村寨旅游商业化的结果，探索傣族“家”到“商业的家”的商业化过程中“商业的家”的空间结构和空间性质。但到底用什么工具来解释民族的“家”在商业化过程中的空间变化呢？在调研的过程中发现，傣族“家”空间中确实存在实体物质边界，如早期的傣族“家”既没有大门，家内的空间也没有区隔，而如今傣族院落有了大铁门，房屋内也有了各个空间的区隔，或是在自家住宿的房屋旁修建了相通的房屋，甚至另起楼栋用来接待游客之用；“商业的家”空间中的主客互动产生了文化边界，如在“商业的家”的主客共用的公共空间，由于审美、价值观等因素，从而产生了主客互动和冲突等。最后，确定基于边界的概念作为工具来解释傣族“家”到“商业的家”的商业化过程中的空间变化，并解释商业化的结果。

回顾我的整个博士论文的调研、选题、开题、论文写作及答辩，主要得益于中山大学旅游发展与规划研究中心的培养体系和学术平台。感谢徐红罡老师、孙九霞老师、张朝枝老师、罗秋菊老师、左冰老师、张骁鸣老师、李郇老师、刘云刚老师对我的研究的建设性建议。感谢朱竑老师、薛德升老师、林耿老师、周春山老师的教导。感触最深的是中心读书会和导师组会，中心读书会会邀请旅游学科及相关学科的专家、青年学者、博士生来开展学术交流，为我们从外校考入中心攻读学位的学生提供了很好的补课机会，对我的学习学术规范和拓宽学术视野起到了很大的作用；导师组内的组会每周进行，由保老师及其团队中的老师带领博士生、硕士生进行经典书籍的导读以及学生阶段性研究成果的汇报，这样的团队给每个学生、每个阶段的学习和研究都带来了极大的便利，每次的汇报都可以加速推动研究的不断推进和深入。感谢中心所有老师为我们提供了这样优秀的共享平台和良好的学术氛围。优秀的师兄师姐们也带动了良好的学术氛围，犹记得在前三年的学习中，在丽姐（曾丽）的带动下，翁时秀、陈钢华、梁增贤、尹寿兵、史甜甜、陈霄等同门，每天午餐晚餐时间，更像个大交流会，学术和生活上有什么难题都可以相互交流。每天饭后的集体散步，既锻炼身体，又给我们互相快速解决各种问题提供了思路、想法和碰撞的火花，现在想来仍是学生时代最美好的时光。

感谢陈钢华博士。他虽然年龄比我小，但他更像是兄长一般的良师益友。平日里我们相处轻松愉快，有高兴事能分享，有难过事能互相抱怨，之后一笑了之。他做事脚踏实地，对学术研究的热情以及对待学术研究的严谨态度让我感受颇深。在学术研究上，他不断地监督、批评、鼓励和帮助我。从我的博士论文最早的选题、开题报告到现在成文的博士论文、待发表的小论文，在过去几年的时间里，他都不断和我讨论、交流，给了我很多启发和实际的帮助。虽然他工作后越来越繁忙，但只要求助于他，他仍然会抽出时间对我的论文给予修改和建议。感谢翁时秀博士。时秀师兄就像一本“百科全书”，且乐于助人、与人分享。他可以给我们提供我们急需自己又查找不到的书籍和文献。任何时候向时秀师兄求助学术问题，他都会耐心、细心地解答，而且常常是一语中的，直击问题的要害，并能够提供一些继续改进或深入的思路或方向。感谢梁增贤博士。他风趣幽默，一直用他自己的方式、方法给予我关心、帮助和支持。在我每一次汇报后，他都帮我梳理修改思路，找出问题的关键；在遇到困难的时候，积极给我提供解决的办法；在很多重要的时刻，给予我信心和鼓励。感谢曾丽博士，她对生活和学术一直洋溢的热情始终感染着我，给我简单的校园生活带来了很多温暖和快乐。感谢张蔼恒博士。我们是无话不谈的亲密朋友，性格兴趣相仿使我们有更多的话题。学术上，她清晰的逻辑思维常常给我很多启发，也给我提供了很多直接的帮助。感谢尹寿兵、罗芬、万蕙、张机、林敏慧、靳文敏、范晓君、齐兰兰、史甜甜、陈霄、苏静、孟凯、卢凯翔、杨昀、刘艳平等同门、同学的帮助和支持。西双版纳是我的研究案例地，多年来我已多次前往，自己已深深地爱上这块神奇而又美丽的土地。感谢为我提供调研帮助和便利的西双版纳度假区管委会、西双版纳州旅游局、曼弄枫村委会、傣族园公司、勐景来旅游公司和云南省金孔雀旅游集团的相关领导和工作人员。感谢吴炆佳、郑诗琳，在傣族园调研期间，她们给我提供了很多帮助；感谢肖晶、黄瑞，她们给我的调研提供了很多帮助，并帮我转录文字，让我节约了不少时间。

2014 年，我在工作单位获得了国家留学基金委公派访学的机会，熟悉了美国课堂教学，体验了多姿多彩的留学生活，也真实地丈量了美国西部的气候地理、神奇风景和文化经济。2015 年，孩子的降生让我的心理有了巨大的转变，身为人母的身份突然倍感压力，也不断推动自我，希望能成为更好的我的。2016 年博士论文初稿完成，却在下半年由于我的身体出现的状况不得不中断学业和工作。我如今能够健康的正常生活和工作，要感谢的人真的太多。感谢中山医疗系统的李志铭教授，他体恤病人的实际情况，处处为病人着想。也正是李教授标准和规范的治疗，给了我康复的信心，向这些致力于医学研究的专家们致敬。感谢巴蓓，谢谢她来到我身边，一起勇敢地走过这段“旅程”。感谢华南理工大学物理系叶晓靖教授，她超于常人的良好心态，对生活和工作认真努力的态度，于我来说一直是榜样一样的存在。在广州的生活得益于张蔼恒、陈钢华、梁增贤、万蕙、张机及他们家人的关心和照顾，是他们一直在我身边给予我鼓励，关注我的情绪，开解我的心结。

历经生死之后，方知坚持的可贵。“Grit”一词在古英语中的原义是沙砾，即沙堆中坚硬耐磨的颗粒。宾夕法尼亚大学副教授 Angela Lee Duckworth

在 TED 演讲中讲道："向着长期的目标坚持自己的激情，即便经历失败，也依然能够坚持不懈地努力下去，这种品质就叫 Grit，即坚毅。""不要在感觉糟糕的时候放弃。在遭遇挫折的那一刻就立即放弃，可能意味着你将错过最棒的时刻。"2017 年治疗期间，我完成了博士论文的修改，并抽空整理出两篇小论文投稿。我常常会紧张，论文是否会通过，研究是否会得到认可。期间，保老师一直关心和鼓励我，让我懂得养好身体才有力量做有意义的事情，感谢保老师一直以来对我的包容、理解和帮助。

感谢我的硕士生导师李洁，她是我学术之路的启蒙老师和引路人，同时她也像家人一样，关心我的生活，关注我的成长。感谢我工作以来云南农业大学人文社会科学学院的历任领导杨云、李伟、王飞、杨玲、袁国友、秦莹、李文荣、邹粉仙、张宏勇等对我的关心和爱护；感谢旅游管理系的田瑾、陆浩海、李柔萱、潘骏玲、唐彩玲、刘玉等老师多年来在工作上给我的帮助，在我无法承担学校工作的时候，毫无怨言地接手完成我的工作任务；感谢学院的其他老师，他们在我最困难的时候给了我鼓励、爱和关怀。

特别感谢秦莹老师。刚来云南农业大学工作的时候，只知道秦老师是一位优雅知性、学术渊博的教学名师，交往甚少。2017 年我在广州治疗期间，秦老师在工作繁忙的情况下仍旧惦记着我，几乎每个星期或电话或短信问询我的具体情况，给予我关心和帮助。2017 年年中，当我回到学校恢复工作时，尤记得第一天踏进学院大门她跟我的那番谈话，给我在工作和学术上的建议，让我知道我并没有什么不一样，我仍然可以在力所能及的情况下努力实现自己的目标，是她给了我小路回归大路的信心和支持。2018 年年中，她知悉我博士顺利毕业，我拿到博士学位的一刻，她欣喜的样子另我印象深刻。感谢她对我的学术论文撰写、课题申报、著作出版的指导和督促。跟她一起工作，让我收获良多，她敏捷的思维，严谨的工作态度，生活的自律，科学的时间管理，高效的工作状态，还有对生活的热情，时刻感染着我，让我明白自己应该更加努力和对自己有更高的要求。

这些年来，我身边的坚强后盾，有从幼儿园起一起长大的挚友，有大学时的亲密同窗，有突然出现在我人生中的幸运星。他们都是我的宝藏，就像夜空中的一颗颗星星，不断地点亮和温暖着我。陈黎黎，对我像家人一样，总觉得为我做得不够，即使看到我的缺点，也仍然欣赏我；白洁，无论什么时候，她都坚定地站在我身边，遇到什么困难，她都能告诉我解决的办法，还告诉我这个世界有多大多广阔；陈芬，就像我的第二个家，开心难过的时候，我都可以跑到她那里补充能量；李巧和杨旖旎，让我明白了陪伴和守护的意义；张昕，总能在关键的时刻以话语点醒我；张莉，情绪内敛，却默默地帮助和鼓励我；向甜，细腻的内心，出现在我人生的各种重要时刻；辛雷，给我的人生以希望感，是很重要的人。

感谢父母，从小对我包容，给我自由，支持我的任何想法，以身示范，我做任何事情都要尽自己最大的努力。感谢父母这些年无微不至地照顾我和我孩子的生活起居，给我更多的时间来完成自己的事情。“哪有什么岁月静好，只不过是有人替你负重前行”，而那个替你负重前行的人，就是这个世界上最爱你的人。感谢儿子的到来。这三年来，我可能不是一个合格的妈妈，没有像其他妈妈那样对他悉心照顾，反而是他给了我很多很多的爱，很大很大的勇气，是他教会了我什么是爱。

珍惜生活的每一天，努力让自己变得更好，锻炼爱护自己的身体，爱自己和家人，让家人的生活更美好，努力做好学术研究和工作，让儿子在未来真正懂得爱的时候，对我有爱、有尊敬，觉得自己的妈妈是一个很棒的妈妈！

道阻且长，也要有“迷之自信”：别怕路长风冷，带着小小的坚定的信念，得失哭笑之后，一定会变得温柔又强大！

陆依依

2019 年 3 月 28 日

昆　明